Schriftenreihe

Schriften zur Praktischen Theologie

Band 22

ISSN 1610-6954 (Print)

Verlag Dr. Kovač

Martin Geisz

Liturgie – Gesang und Instrumentalmusik

Elemente musikalischer Gottesdienstgestaltung (Gregorianischer Choral, Kirchenlied und Gemeindegesang, Instrumentalmusik im Gottesdienst, geistliche sinfonische Kompositionen)

Eine Einführung

Verlag Dr. Kovač

Hamburg
2021

VERLAG DR. KOVAČ GMBH
FACHVERLAG FÜR WISSENSCHAFTLICHE LITERATUR

Leverkusenstr. 13 · 22761 Hamburg · Tel. 040 - 39 88 80-0 · Fax 040 - 39 88 80-55

E-Mail info@verlagdrkovac.de · Internet www.verlagdrkovac.de

Bibliografische Information der Deutschen Nationalbibliothek
Die Deutsche Nationalbibliothek verzeichnet diese Publikation
in der Deutschen Nationalbibliografie;
detaillierte bibliografische Daten sind im Internet
über http://dnb.d-nb.de abrufbar.

ISSN: 1610-6954 (Print)

ISBN: 978-3-339-12278-0
eISBN: 978-3-339-12279-7

© VERLAG DR. KOVAČ GmbH, Hamburg 2021

Inhaltsverzeichnis

> Vorwort 7

A. Zur Einführung 9

> Musik und Religion 9

> Begriff Liturgie 12

> Wie wird „Liturgie" in dieser Veröffentlichung
verstanden? 13

> Liturgie und Musik... 18

> Anmerkung: unterschiedliche Blicke auf Musik in den
christlichen Konfessionen.................................. 20

B. Gesänge für die Liturgie 23

Biblische Grundlagen 23

– AT 23

– NT 25

> Weitere Entwicklung – ausgewählte Stationen 27

(1) Gesangbuch... 28

(2) exemplarisch: Psalm 23 – Der Herr ist mein Hirt 30

(3) Halleluja – ein alter biblischer Jubelruf 33

(4) Der GREGORIANISCHE CHORAL 37

(5) SANCTUS 41

(6) „Bet-Singmessen" – „Deutsche Hochämter" 43

> Haydn, Michael: Hier liegt vor Deiner Majestät............... 44

> Schubert, Franz: Wohin soll ich mich wenden 46

(7) Marianische Antiphonen: Gottesmutter, Mutter der
Barmherzigkeit, Maria Himmelskönigin, Meerstern 49

(8) Kirchenlieder des Volkes: statt in Latein in Deutsch......... 54

(9) Kirchenlieder aus der Zeit des Dreißigjährigen Krieges 56

(10) Nach dem II. Vatikanischen Konzil (1962—1965): Neues Geistliches Lied.. 59

(11) Weihnachtslieder OHNE Stall, Krippe und Hirten 63

(12) Choräle zur Passionszeit (J.S. Bach: Matthäuspassion 66

(13) Gesänge zum Osterfest.. 67

(14) Nicht nur zu Pfingsten: Lieder zum Heiligen Geist........... 69

C. ORGEL – Instrument im Gottesdienst 73

> ausgewählte Stationen.. 76

(15) Kompositionen für die Orgel im Gottesdienst aus dem evangelischen Schullehrerseminar und dem Predigerseminar in Friedberg – ein Stück Geschichte aus „500 Jahren Reformation" 76

(16) DOMORGANISTEN KOMPONIEREN FÜR GEMEINDEN 81

(17) Frauen komponieren Orgelmusik für den Gottesdienst.... 84

(18) Christian Heinrich Rinck (1770—1846)....................... 87

(19) Pour orgue ou harmonium" (für Orgel oder Harmonium) ...89

D. Oratorium, Messe, sinfonische Musik – Instrumentalmusik für Gottesdienst und Konzert 99

> ausgewählte Stationen.. 105

(20) Geistliche Kantaten im lutherischen Gottesdienst 105

(21) Weihnachtsoratorien 107

(22) PASTORALE – Musik (auch) zur Weihnachtszeit.............. 109

(22a) Choräle zur Passionszeit (J.S. Bach: Matthäuspassion).... 111

(23) Jubiläumsjahr 2020 – Beethoven 111

Hinweise auf weiterführende Literatur......................... 115

>> Handbücher/Grundlegendes 116

>> Thema Orgel 117

>> Thema Instrumentalmusik für Gottesdienst und Konzert 119

Vorwort

Christliche Kirchen feiern Gottesdienste. Darum geht es, wenn von „Liturgie"[1] gesprochen wird. Diese Gottesdienste waren (und sind) vom Glaubens- und Gottesdienstverständnis her durchaus auch ohne Musik denkbar. Trotzdem haben Gesänge und musikalische Beiträge in Gottesdiensten eigentlich von Anfang an eine wichtige Rolle gespielt. Im Lauf der Geschichte hat es im Blick auf „Musik in der Liturgie" viele ganz unterschiedliche Entwicklungen gegeben, sie gehen bis heute immer weiter. Diese Veröffentlichung will Gesänge und Instrumentalmusik in den Gottesdienst in ihren vielfältigen Facetten in den Blick nehmen.

Zielgruppe dieser Einführung sind Fachleute (aus Theologie, Praktischer Theologie, Kirchenmusik) und Interessierte, die sich näher mit dem Themenfeld vertraut machen wollen.

> Am Anfang steht eine Beschäftigung mit dem Begriff „Liturgie" in seiner Bedeutung von den Anfängen bis heute.
> Darauf aufbauend aus theologischer Sicht[2]:
- Grundlagen in der Bibel für gottesdienstliche Feiern,
- Gesänge in der Liturgie
- das „Kircheninstrument" Orgel,
- „kirchenmusikalische Kompositionen" (Oratorium, Messe, sinfonische Musik), die eher/auch im Konzertsaal aufgeführt werden.

---

[1] mehr zum Begriff Liturgie ab Seite 12
[2] mit einem besonderen Schwerpunkt „Katholische Theologie", immer aber unter Einbeziehung von „Evangelischer Theologie"

Das Thema " Liturgie und Musik" bietet ein weites Feld, das in einer Einführung nicht umfassend dargestellt werden kann.

Für diese „Einführung" in das Themenfeld von „Liturgie – Gesänge und Instrumentalmusik" wird in dieser Veröffentlichung ein Weg gewählt, der theologische Basisinformationen mit der Betrachtung liturgischer Praxis verbindet.

– In einem ersten Schritt gibt es einführende Texte, die grundlegende Informationen zu den Schwerpunkten „Gesänge", „Orgel", „Oratorium ..." präsentieren.

– Darauf aufbauend werden jeweils an Beispielen musikalischer Gottesdienstgestaltung (*„Stationen"* [3]) biblische, theologisch-dogmatische, kirchengeschichtliche, kirchenmusikgeschichtliche und auch kulturgeschichtliche Aspekte vorgestellt und vertieft. So soll ein vielfältiges Bild von möglichen Beiträgen aus Gesang und Instrumentalmusik zur Liturgie erarbeitet werden können.

Ergebnis der Beschäftigung mit grundlegenden einführenden Texten und Impulsen aus den Informationen an den Stationen könnte/sollte sein, dass Leserinnen und Leser für sich selbst ein Bild vom Themenfeld „Liturgie – Gesänge und Instrumentalmusik" entwickeln können, neue Gesichtspunkte hinzufügen (weitere „Stationen finden") und so den Horizont zur Frage nach der Bedeutung von Gesang und Instrumentalmusik in Liturgie und Gottesdienst erweitern. [4]

---

[3] Insgesamt gibt es 23 Stationen („Gesänge": 1–14/"Orgel": 15–19/ Oratorium...": 20–23).

[4] Hilfe bieten bei vielen Stationen Hinweise zu Materialien (Literatur, Informationen im Internet), mit denen vertiefend weiter gearbeitet kann.

A. Zur Einführung

> Musik und Religion

„Musik ist tief in unserer Geschichte und unserer Natur verankert. Weltweit gibt es kaum eine Kultur, die keine Musik kennt. Wahrscheinlich haben auch unsere frühen Vorfahren bei Ritualen, bei alltäglichen Arbeiten oder bei Festen gesungen oder getrommelt. Die ersten Vertreter des Homo sapiens in Europa bastelten sich bereits Musikinstrumente, wie Funde von 40.000 Jahre alten Flöten aus Mammut-Elfenbein und Knochen in der Schwäbischen Alb belegen. Einige Forscher vermuten sogar, dass die Musik der Entwicklung der menschlichen Sprache vorausging."[5]

Musik hat für Menschen, die sie „nutzen" ganz unterschiedliche positive Effekte. Sie kann zu Spannung und Entspannung beitragen, sie kann Emotionen wecken – auch positive „Glücks"gefühle vermitteln. Im sozialen Miteinander kann sie (z.B. beim gemeinsamen Singen und Musizieren positive Gruppendynamik(en) beeinflussen. „Musikethnologen haben eine Fülle gesellschaftlicher Funktionen von Musik dokumentiert: Musik drückt Emotionen aus, bereitet Vergnügen, begleitet Tänze, unterstützt Rituale und Zeremonien und fördert die sozialen Bindungen."[6] Hier wird Musik in der Mitte menschlicher Existenz verankert. Sie kommt nicht (wie heute oft als „Hobby" oder „Liebhaberei" verstanden) irgendwie hinzu, sondern sie ist ein wichtige Aspekt menschlicher Existenz,

---

[5] Philipp Ball: Welt/Musik. in Volker Bernius, Michael Rüsenberg (Hg.): Sinfonie des Lebens. Mainz 2011. S. 97 f.
[6] ebda.

die Horizonte erweitert, hilft und ermöglicht, neue Wege zu suchen. Insbesondere kann sie auch zu einer positiven Entwicklung beitragen und/oder dazu helfen glücklicher zu sein. Wenn in dieser Veröffentlichung „Liturgie und Musik" zum Thema wird, ist dieser anthropologische Akzent besonders wichtig.

Ein weiter Aspekt, in dem „Transzendenz" (als „überweltlich" und über den Horizont des Menschen hinausgehend verstanden) einbezogen wird, sollte genauso bedacht und diskutiert werden: „Musik war und wird immer der Kunstausdruck des Menschen sein, der für die Kommunikation mit dem Transzendenten am meisten geeignet ist. Dabei geht es nicht nur um Lobpreis. Wir sollen und dürfen den ganzen Ausdrucks die komplette Gefühlspalette, also auch Klage, Bitte, Niedergeschlagenheit, ja sogar das Fluchen in die Musik einbringen."[7]

Diese Aussagen sprechen von der Bedeutung von Musik in einem ist ein weiten Feld menschlicher Erfahrungen und kann so auch religiöse Orientierungen beinhalten.

Hans Küng, namhafter katholischer und ökumenischer Theologe, nimmt direkt Religion in den Blick. Er spricht davon, dass Musik und Religion „diachronisch (durch die Geschichte) und synchronisch (quer durch die Kontinente" „universale Menschheitsphänomene"[8] sind. Dabei ist Musik für ihn sehr vielfältig. Musik bringt

---

[7] Markus Uhl: Was soll in Kirchen erklingen? in: Helmut Hoping, Stephan Wahler, Meinrad Walter (Hg.): GottesKlänge - Religion und Sprache in der Musik. Herder Verlag. Freiburg 2021. ISBN: 978-3-451-38841-5. S. 116
[8] Hans Küng: Musik und Religion. Mozart-Wagner-Bruckner. München 2007. S. 15.

Emotionen, ist oft verbunden mit Tanz und Rausch. Gleichzeitig ist sie auch wahrnehmbar als Kunst in ihren vielfältigen musikalischen Formen.

Auf die Frage *„Musik – Ausdruck des religiösen Glaubens?"* antwortet Hans Küng im Blick auf Israel und das Christentum: "In Israel sind Singen, Tanzen und Musizieren – ursprünglich ganz eng zusammengehörend – religiöse Aktivitäten, die mit übermenschlichen Mächten zu tun haben, durch jenseitige Kräfte im Rhythmus gebunden oder entfesselt werden sollen. ... Die Glaubenden singen zu Gottes Wohlgefallen (Psalm 96, 98), während die Lieder der Gottlosen „Lärm" sind (Amos 5,23). Kein Wunder also, dass auch die Christen des Neuen Testaments Gott loben und sich gegenseitig erfreuen in Psalmen, Hymnen, Lobgesängen, geistlichen Liedern (vgl. Epheserbrief 5,19) und auch in der spontanen Inspiration (1. Korintherbrief 5,19). Cantica werden in ihren Gottesdienst übernommen. ... Und es überrascht nicht, daß die Erlösten der Endzeit Gott preisen werden mit einem neuen Lied (Apokalypse 14,2f.)."[9]

Diesem Grundverständnis folgend – einem Grundverständnis, das Musik in anthropologischer Sicht positiv bewertet und das in der Praxis der Religionsausübung Gesang und instrumentaler Musik[10] aufgeschlossen und ausdrücklich positiv gegenübersteht, wird in den in diesem Buch gesammelten eher einführenden Beiträgen der

---

[9] Hans Küng: Musik und Religion. Mozart-Wagner-Bruckner. München 2007. S. 16 f.

[10] im AT schon z.B. im Harfenspiel Davids

geschichtlichen Entwicklung (in Musik- und Kulturgeschichte) und der Bedeutung von Gesang und Musik im Gottesdienst (Musik in der Liturgie in den christlichen Kirchen – besonders in der Katholischen Kirche) „nachgegangen".

> Begriff Liturgie

„Leiturgie" oder „Leiturgia" (von griechisch ἡ λειτουργία) hat in der griechischen Antike ursprünglich eher keine religiösen Zusammenhänge im Sinn, sondern der Begriff bezieht sich auf viele Arten von Dienstleistungen von Bürgern für die Gemeinschaft.[11]
In der christlichen Theologie dagegen wird bis heute der Begriff nicht so allgemein verwendet, sondern vor allem auf den Gottesdienst angewandt. „Als Lehnwort aus dem Griechischen findet sich Liturgie auch in der rabbinischen Literatur. – Die Benutzung hl. Schriften im Kultus verschiedener Religionen hat zur Entstehung einer Reihe von Gottesdienst-Ordnungen beigetragen, die auch

---

[11] Das RGG bietet eine differenzierte Darstellung zu Ursprung und danach entwickelter Inhalte von „Liturgie": „... In seinem ältesten Gebrauch bezeichnet leitourgia im Griechischen ein verantwortliches öffentliches Amt, eine Pflicht oder einen Dienst, der von wohlhabenden Bürgern auf eigene Kosten geleistet wird, gewöhnlich im Wechsel, aber auch auf Grund besonderer Ernennung durch die Herrscher oder den Rat, ... In Athen gehörten dazu die Überwachung der athletischen Spiele und Wettkämpfe ..., die Einrichtung der öffentlichen Chöre ..., die öffentliche Speisung eines der Stadtteile und das Amt des Führers der hl. Gesandtschaft .... – Von diesem technischen Gebrauch wurde der Ausdruck dann auf jeden öffentlichen Dienst übertragen, bes. bei Heer und Flotte, und später auf jede Art von Hilfe (wie im NT, vgl. 2Kor 9,12); aber er wurde auch speziell für einen den Göttern erwiesenen Dienst gebraucht. Quelle:Stichwort Liturgie. Die Religion in Geschichte und Gegenwart, S. 20029 f. (vgl. RGG Bd. 4, S. 401 ff.) (c) J.C.B. Mohr (Paul Siebeck) http://www.digitale-bibliothek.de/band12.htm]

als Liturgien bezeichnet werden. Gewöhnlich wird der Begriff »Liturgie« auf die Messe oder hl. Kommunion beschränkt; aber im Judentum der Synagoge wie in vielen christlichen Kirchen wird er auch für einen Gottesdienst mit Schriftlesung, Gebet, Liedern und Segen verwandt."[12]

> Wie wird „Liturgie" in dieser Veröffentlichung verstanden?

Im Anschluss an die Praxis, die beim Begriff „Liturgie" den Gottesdienst in Mittelpunkt stellt, verstehe ich „Liturgie" als Oberbegriff für die (amtlichen) Gottesdienste der christlichen Kirchen.[13] Die im Folgenden zitierte Definition, auf die ich mich beziehe, erweitert das von mir zugrunde gelegte Verständnis (im Blick auf den Bereich der Katholischen Kirche): „Der Begriff Liturgie umfasst in der Katholischen Kirche das gesamte gottesdienstliche Handeln: die Eucharistiefeier (Messe) und die übrigen Sakramentenfeiern ... Ordinationen –, die Feiern von Beauftragungen, Personen- und Sachsegnungen (Benediktionen) und Begräbnis (Bestattung) sowie die Feiern im Rhythmus der Zeit wie die Tagzeitenliturgie, den Sonntag als Ersten Tag der Woche und die Herren- und Heiligenfeste des Kirchenjahrs. Die Liturgie und die mit ihr verbundene Fröm-

---

[12] Quelle: Stichwort Liturgie. Die Religion in Geschichte und Gegenwart, S. 20029 f.
(vgl. RGG Bd. 4, S. 401 ff.) (c) J.C.B. Mohr (Paul Siebeck) http://www.digitale-bibliothek.de/band12.htm]
[13] „Liturgie ist „in den Westkirchen seit dem 16. Jh., besonders aber seit dem 2. Vatikanischen Konzil der Oberbegriff für alle Weisen und Formen, bei denen sich christliche Gemeinden bzw. Kirchen sowie Juden zum Gottesdienst versammeln." Stichwort Liturgie Österreichisches Musiklexikon online – https://www.musiklexikon.ac.at/

migkeitspraxis (Volksfrömmigkeit) haben das Leben der Katholiken bis in die jüngste Zeit stark geprägt (Katholizismus); ihre Kenntnis ist für das Verstehen vieler historischen Entwicklungen in Kirche, Kultur und Gesellschaft unerlässlich."[14] „Liturgie" hat eine lange Geschichte, ist immer in Entwicklung und betrifft viele Bereiche (u.a. Feste, Festtage, Sonntage, in Gottesdiensten benutzte Bücher und Dokumente, Sprache(n) der Liturgie, verantwortliche Personen, Rolle von Klerus und Gemeinde, liturgische Farben, liturgische Gewänder, Sakralbauten als Orte an denen Liturgie gefeiert wird, ...) – für diese Publikation ist „Liturgie - Gesang und Instrumentalmusik" das wichtige Thema.

Anmerkung:

Eine Definition aus dem Bereich der EKD – der ich mich nicht anschließe – grenzt den Begriff „Liturgie" dagegen eher auf Vorschriften zur Feier des Gottesdienstes ein: „Eine Liturgie bestimmt, wie ein Gottesdienst gefeiert wird. Mit dem Wort „Liturgie" wird der Ablauf eines Gottesdienstes bezeichnet. Er setzt sich aus mehreren Elementen zusammen. Viele Teile des Gottesdienstes sind selbst kleine Liturgien, zum Beispiel die Abendmahlsliturgie. Welcher Liturgie ein Gottesdienst folgt und welche liturgischen Elemente er aufnimmt, ist in der Gottesdienstordnung festgelegt, die auch Agende genannt wird."[15]

---

[14] Artikel „Liturgie katholisch. Version vom: 18.09.2008". Autor: Martin Klöckener. in: Historisches Lexikon der Schweiz. https://hls-dhs-dss.ch/de/articles/011517/2008-09-18/ (Aufruf 30.1.2021).
[15] https://www.ekd.de/Liturgie-11228.htm

-- Liturgie: Ausgangspunkte im NT

Das Wort „Liturgie" (λειτουργία / leiturgia") findet sich in Röm 15,16. Allerdings wird es erst vom 2. Jahrhundert an deutlicher im Zusammenhang mit Feier von Gottesdienst wahrgenommen.[16] Wichtig scheint im NT der „erste Tag der Woche": 1Kor 16,2; Apg 20,7ff.; Apk 1,10; (Did 14,1) gehen von davon aus, dass diesem Tag besondere Bedeutung zukommt – In den hier angesprochenen Zusammenhängen steht das Ostergeschehen im Mittelpunkt. Einzelheiten oder gar Abläufe von Gottesdiensten werden allerdings hier nicht berichtet.

Vermutlich hat die Urgemeinde auf das Vorbild von Synagogengottesdiensten zurückgegriffen. Schriftlesung, Gebete, Auslegung der Schrift sind wichtige Elemente. „Deutlich erkennbar steht der Synagogengottesdienst an der Wiege der christlichen gottesdienstlichen Versammlung. Von ihm übernimmt sie vor allem die Infrastruktur: Der Gottesdienst ist in privaten Räumen in einer Sphäre der Profanität beheimatet; seine Durchführung liegt in der Verantwortung ehrenamtlicher Funktionsträger; sehr wahrscheinlich findet er im wöchentlichen Rhythmus statt (allein Apg 2,46 assoziiert ein tägliches Beisammensein). Alles andere bleibt offen, denn auch über die Gestaltung des Synagogengottesdienstes vor 70 ist so gut wie nichts bekannt. Mit Sicherheit kann man nur sa-

---

[16] „Den wichtigsten Textzusammenhang bietet 1Kor 11–14, in dem Paulus eine Reihe von Gottesdienstproblemen behandelt (...). Hier lassen sich Verkündigung, freies und gebundenes Gebet sowie die → Abendmahlsfeier als konstitutive Elemente erkennen. Alle anderen Andeutungen (z.B. Apg 20,7-12) bleiben Fragment.", Christfried, Art. Liturgie / Liturgische Texte im NT, in: Das Wissenschaftliche Bibellexikon im Internet (www.wibilex.de). 2013

gen: Es gab Schriftlesung, Auslegung und Gebete (Claußen[17]). Ob es auch schon eine feste Leseordnung gab, wie die Auslegung gestaltet war und welche Formen von Gebet man praktizierte, lässt sich nicht mehr ermitteln."[18] Christfried Böttrich formuliert in seinem Artikel zu möglichen „Gottesdienstelementen im NT" weiter: „In den Schriften des Neuen Testaments finden sich zahlreiche Passagen wie Gebete, Hymnen, Doxologien oder Formeln, wie sie auch aus späteren liturgischen Formularen seit dem 4. Jh. bekannt sind. Ob man jedoch diesen Passagen schon eine liturgische Vorgeschichte zuschreiben kann, bleibt in jedem einzelnen Fall zu prüfen. Mit Sicherheit wird man lediglich sagen können, dass es sich dabei um Texte mit "liturgischer Qualität" handelt, die auch über ihren literarischen Kontext hinaus in anderen Zusammenhängen wirksam zu werden vermögen. Namentlich für die sogenannten "Hymnen" verlagert sich deshalb die Frage nach liturgischen Vorformen hin zu der Frage nach ihrer Rezeption in der christlichen Hymnodik."[19]

– – Grundlage für heute: „Liturgie" im II. Vatikanum
Liturgie war im Lauf der Kirchengeschichte[20] Thema von Konzilien und vieler lehramtlicher Festlegungen. Im Zusammenhang dieser

---

[17] Claußen, Carsten: Versammlung, Gemeinde, Synagoge. Das hellenistisch-jüdische Umfeld der frühchristlichen Gemeinden, StUNT 27, Vandenhoeck und Ruprecht. Göttingen 2002
18 Böttrich, Christfried, Art. Liturgie / Liturgische Texte im NT, in: Das Wissenschaftliche Bibellexikon im Internet (www.wibilex.de). 2013
[19] Böttrich, Christfried, Art. Liturgie /...siehe Anmerkung oben
[20] mehr dazu: Nagel, William:Geschichte des christlichen Gottesdienstes. 2., verb. u. erw. Aufl. Berlin, de Gruyter., 1970

Veröffentlichung soll darauf nicht näher eingegangen werden. Ausgangspunkt für meine Überlegungen sind für mich die Festlegungen des II. Vatikanischen Konzils, die hier kurz erläutert werden sollen.

Das II. Vatikanischen Konzils macht „Liturgie" in einer eigenen Konstitution zum Thema: KONSTITUTION ÜBER DIE HEILIGE LITURGIE – SACROSANCTUM CONCILIUM. Von den hier getroffenen Festlegungen gehe ich in dieser Veröffentlichung aus.

KONSTITUTION ÜBER DIE HEILIGE LITURGIE – SACROSANCTUM CONCILIUM

„... ist die Liturgie der Höhepunkt, dem das Tun der Kirche zustrebt, und zugleich die Quelle, aus der all ihre Kraft strömt. Denn die apostolische Arbeit ist darauf hingeordnet, daß alle, durch Glauben und Taufe Kinder Gottes geworden, sich versammeln, inmitten der Kirche Gott loben, am Opfer teilnehmen und das Herrenmahl genießen. ... Aus der Liturgie, besonders aus der Eucharistie, fließt uns wie aus einer Quelle die Gnade zu; in höchstem Maß werden in Christus die Heiligung der Menschen und die Verherrlichung Gottes verwirklicht, auf die alles Tun der Kirche als auf sein Ziel hinstrebt."

... Aus der Liturgie, besonders aus der Eucharistie, fließt uns wie aus einer Quelle die Gnade zu; in höchstem Maß werden in Christus die Heiligung der Menschen und die Verherrlichung Gottes verwirklicht, auf die alles Tun der Kirche als auf sein Ziel hinstrebt."[21]

Die Teilnahme an Liturgie kommt nicht irgendwie zu anderen Glaubensakten hinzu, sondern sie ist wesentlicher Kern – die hier vermittelte „Gnade" steht im Kern christlichen Glaubens.

Peter Wünsche, Professor für Liturgiewissenschaft an der Uni Bamberg, setzt im Blick auf die Formulierungen des II. Vatikanum Schwerpunkte – „Liturgie als Gedenken", „Liturgie ist Dialog", „Liturgie hat die Form der Feier", „Liturgie hat eine Ordnung."[22]

> Liturgie und Musik

Liturgie ist von ihrem so verstandenen Kern her durchaus *ohne* musikalische Beiträge denkbar. [23] Allerdings bereichern musikalische Elemente Kult und Liturgie schon immer. Das II. Vatikanische Konzil nimmt dies in der Konstitution auf und widmet den musikalischen Möglichkeiten („Kirchenmusik") ein eigenes Kapitel. Hier wird formuliert, dass *„die liturgische Handlung ihre vornehmste Form nimmt wenn der Gottesdienst feierlich mit Gesang gehalten*

---

[21] https://www.vatican.va/archive/hist_councils/ii_vatican_council/documents/vat-ii_const_19631204_sacrosanctum-concilium_ge.html (Abschnitt 10 und 11):

[22] https://liturgische-bildung.erzbistum-bamberg.de/liturgie-im-erzbistum-bamberg/was-ist-liturgie/

[23] "Sogar auf Musik kann im Zweifelsfall verzichtet werden. Sie ist ja nur integraler Bestandteil der feierlichen Liturgie, wie Artikel 112 der Liturgiekkonstitution des II. Vatikanischen Konzils formuliert. Für sehr einfache Gottesdienstformen braucht es mindestens zwei Menschen, ... Die Extremform des Gottesdienstes wäre also ein gemeinsames, aufmerksames Schweigen mit zwei Personen an einem Ort ohne irgendeine liturgische Zutat."
Markus Uhl: Was soll in Kirchen erklingen? in: Helmut Hoping, Stephan Wahler, Meinrad Walter (Hg.): GottesKlänge - Religion und Sprache in der Musik. Herder Verlag. Freiburg 2021. ISBN: 978-3-451-38841-5. S. 116

wird ...". Wichtig ist, dass im Konzilsdokument deutlich festgehalten wird, dass die überlieferte Musik der Gesamtkirche *"als der mit dem Wort verbundene gottesdienstliche Gesang einen notwendigen und integrierenden Bestandteil der feierlichen Liturgie ausmacht."*

KAPITEL VI DIE KIRCHENMUSIK [24]

112. Die überlieferte Musik der Gesamtkirche stellt einen Reichtum von unschätzbarem Wert dar, ausgezeichnet unter allen übrigen künstlerischen Ausdrucksformen vor allem deshalb, weil sie als der mit dem Wort verbundene gottesdienstliche Gesang einen notwendigen und integrierenden Bestandteil der feierlichen Liturgie ausmacht. In der Tat haben sowohl die Heilige Schrift wie die heiligen Väter den gottesdienstlichen Gesängen hohes Lob gespendet; ... So wird denn die Kirchenmusik um so heiliger sein, je enger sie mit der liturgischen Handlung verbunden ist, sei es, daß sie das Gebet inniger zum Ausdruck bringt oder die Einmütigkeit fördert, sei es, daß sie die heiligen Riten mit größerer Feierlichkeit umgibt" Dabei billigt die Kirche alle Formen wahrer Kunst, welche die erforderlichen Eigenschaften besitzen, und läßt sie zur Liturgie zu. ...

113. Ihre vornehmste Form nimmt die liturgische Handlung an, wenn der Gottesdienst feierlich mit Gesang gehalten wird und dabei Leviten mitwirken und das Volk tätig teilnimmt."

---

[24] https://www.vatican.va/archive/hist_councils/ii_vatican_council/documents/vat-ii_const_19631204_sacrosanctum-concilium_ge.html (Abschnitt 112-114) siehe auch: Peter Hünermann, Bernd Jochen Hilberath (Hrsg.): Herders Theologischer Kommentar zum Zweiten Vatikanischen Konzil, 5 Bände, Freiburg i. Br.: Herder 2004 ff. (Sonderausgabe 2009) -ISBN 978-3-451-29965-0

Wolfgang Bretschneider formuliert dazu prägnant: „Das Zweite Vatikanische Konzil als Zäsur: Über viele Jahrhunderte hatte sich die Auffassung etabliert, Kirchenmusik sei die „Magd der Liturgie" („ancilla liturgiae"), zumindest in den katholischen Kirchen. Sie sollte die Gottesdienste umrahmen. Notwendig war sie im eigentlichen Sinn nicht. Erst das Zweite Vatikanische Konzil hat in seiner „Konstitution über die heilige Liturgie" vom 4. Dezember 1963 der gottesdienstlichen Musik ihre ursprüngliche Bedeutung zurückgegeben.

Sie sei ein „notwendiger und integrierender Bestandteil der feierlichen Liturgie", gründend im erneuerten Liturgieverständnis, welches keine Aufteilung zwischen den am Altar Agierenden und den Zuschauern/Zuhörern mehr kennt. Alle waren von nun an Teilnehmende („participatio actuosa") mit ihren je spezifischen Rollen. Hauptträger ist die Gemeinde. Aus ihr bilden sich die musikalischen Träger: Scholen, Chöre, Kantoren, Organisten und Instrumentalisten."[25]

> Anmerkung: unterschiedliche Blicke auf Musik in den christlichen
  Konfessionen

Im Neuen Testament finden sich zwar Hymnen und Gesänge, die wohl im Gottesdienst gesungen worden sind. Es finden sich aber keine Ordnungen für den Gottesdienst oder gar genaue Anweisungen. Es werden auch Formeln überliefert, aber sie sind keine verpflichtenden Anweisun-

---

[25] https://themen.miz.org/kirchenmusik/musik-im-gottesdienst-bretschneider

gen. Diese gibt es erst seit Mitte des 4. Jahrhunderts nach Chr. in Rom.[26]

In den christlichen Konfessionen der Reformationszeit gibt es durchaus ganz unterschiedliche Blicke auf Musik und musikalische Gestaltung im Gottesdienst. So stellen die Kirchen der Orthodoxie den Gesang ganz besonders in den Mittelpunkt und verzichten weitgehend auf Instrumente. Im Mittelpunkt steht der einstimmige Gesang, der nicht von Instrumenten begleitet wird.[27]

Luther begrüßt ganz bewusst Gesang, Orgelspiel und auch Musik mit anderen Instrumenten als Form von Verkündigung. „Gottes Wort und die christliche Botschaft sind auf vielfache Weise musikalisch mit- und auszuteilen. In Psalmen, Hymnen (Lobgesängen) und vom Geist inspirierten Liedern bekommt das Evangelium eine facettenreiche Klanggestalt. Geistliche Lieder sind also nicht nur Träger der Klage und des Lobs der Christenheit – das sind und bleiben sie selbstverständlich auch! –, sondern verkündigen Christus. ... Die Kommunikation des Evangeliums im Raum der Kirche geschieht im lebendigen Wechselspiel von Anrede und Antwort, von Klage, Verkündigung und Lob. Sie braucht die Musik, um die heilsame Kraft des Evangeliums in den Tiefenschichten des Menschen zum Klingen zu bringen. Damit sind wir bei der seelsorglich-therapeutischen Dimension der Musik angekommen."[28]

---

[26] vgl. z.B. auch das Stichwort „Liturgie" in K Rahner/H. Vorgrimmler: Kleines theologisches Wörterbuch. Freiburg 1967.

[27] vgl. Hans Maier:Die Orgel. Kleine Geschichte eines großen Instruments. München 2016. S. 137

[28] (Quelle: https://www.ekiba.de/html/media/dl.html?i=28976 Aufruf 31.12.2020/ Kirchenmusik im Gottesdienst. Das EKD-Magazin zum Themenjahr der Lutherdekade Nummer 4 · 2012)

Andere Kirchen der Reformation (z.B. „Reformierte Kirchen" – **Zwingli und Calvin**) waren Musik und Kunst im Gottesdienst gegenüber – anders als Luther – sehr skeptisch eingestellt. „Die Calvin eigene Neigung zu Systematik und Strenge zeigte sich auch in musikalischen Fragen. Zweifellos war Luther der musikalisch Gebildetere und in Sachen Musik Offenere. Auch unterschied Calvin konsequenter zwischen gottesdienstlicher und anderweitiger Musik, allerdings ohne diese grundsätzlich zu verteufeln. Aber für ihn war sie dem Gottesdienst wesensfremd. Klar sah er die Gefahren körperlich-sinnlicher Affektivität sowie Effektivität von Musik und aus seiner Sicht konnten Instrumente dem geistlichen Erfassen der Wortbotschaft nur abträglich sein. Ebenso die Mehrstimmigkeit, vor allem die polyphone Individuation der Stimmen. Er bevorzugte den einstimmigen Gottesdienstgesang, wie der von ihm angeregte Genfer Psalter belegt. ... Calvin war als Nachfolger Zwinglis von dessen Abneigung gegen Musik im kirchlichen Rahmen beeinflusst. Obwohl Zwingli (1484 – 1531) der Musik an sich zugetan und auch musikalisch war, hat er sie für den Gottesdienst rigoros abgelehnt. Calvin hat diese Haltung nicht in voller Strenge übernommen. Einstimmige und in „aller Andacht des Herzens" gesungene Psalmlieder ließ er zu, die Orgel, die Mehrstimmigkeit und andere als Psalmlieder lehnte er ab. Insofern ist seine Antwort auf die relativ offene Musikpraxis des lutherischen Rahmen abschlägig. Sein Anliegen galt dem Psautier Genève, dem ursprünglich in Französisch abgefassten Genfer Psalter. Aus dieser Konsequenz heraus hat sich der Genfer Psalter in den calvinistisch reformierten Gemeinden lange als ausschließliches Singgut erhalten." [29]

---

[29] CALVINS ANTWORT AUF LUTHERS CHORÄLE. http://www.psalmlieder.de/psalmlieder/geschichte-der-psalmlieder/johannes-calvin/index.html /

B. Gesänge für die Liturgie

Gesänge gehören heute zum Gottesdienst selbstverständlich dazu. Mit Gesängen beteiligen sich alle an den liturgischen Handlungen. Gesänge machen im Lauf der Geschichte zunehmend andere – Sängerinnen und Sänger in Chören und ähnlichen Gruppen letztendlich die ganze Gottesdienstgemeinden zu Akteuren. Mit gemeinsamem Gesang wird nicht mehr nur passiv – rezipierend teilgenommen, sondern es gibt eine eigene aktive Beteiligung, ganz bewusst von den Reformatoren seit dem 16. Jahrhundert eingeführt und praktiziert. Gesänge sind auch Sache von Priestern und Liturgen.

In diesem Kapitel gibt es zunächst einen Blick auf biblische Grundlagen (AT und NT).
Danach konzentriert sich die Darstellung auf die Entwicklungen bei gottesdienstlichen Gesängen. Es kann nur um ausgewählte Akzente gehen. Ein wichtiger Punkt ist die wachsende Bedeutung der Volkssprache, die in Deutschland wesentlich von der Reformation beeinflusst worden ist und ganz eigene Akzente gesetzt hat.
An exemplarisch ausgewählten Schwerpunkten werden daran anschließend „Stationen" aus der Geschichte der liturgischen Gesänge verdeutlicht und Angebote zur vertiefenden Weiterarbeit gemacht.

Biblische Grundlagen

– AT
Psalmen prägen seit mehr als 2500 Jahren das Leben der Menschen in der biblischen Tradition. Juden und Christen finden in ih-

nen die Formulierungen für Hoffnungen, Ängste, Wünsche, Lob und Dank aber auch das Gefühl von Schuld und Buße in der Hoffnung auf Vergebung. Das Buch der Psalmen im Alten Testament ist eine Sammlung von Liedern, die bis heute im Gottesdienst gesungen werden. Bei uns haben sie einen festen Platz in den Gesängen zwischen der Lesung und dem Evangelium.

Im Buch der Psalmen sind 150 Gedichte, Lieder und Gebete unterschiedlichen Charakters gesammelt.

Bittpsalm (z. B. Ps 5, Ps 17)/ Lobpsalm (z. B. Ps 113, Ex 15,1)/ Dankpsalm (z. B. Ps 30, Ps 116)/ Klagepsalm (z. B. Ps 6)/ Königspsalm als Begleitung ritueller Feiern des Jerusalemer Königtums (z. B. Ps 2)/ Wallfahrtslieder (z. B. Ps 113 -, Ex 15,1)/ Weisheitspsalm (z. B. Ps 1)/ Zionspsalm als Hymnus auf den Tempel bzw. auf Jerusalem (z. B. Ps 46, Ps 48, Ps 76)[30]

„Im jüdischen und christlichen Gottesdienst wuchs den Psalmen eine zentrale liturgische Bedeutung zu; dabei entwickelte sich in beiden Religionen aus der Psalmenlesung die Praxis des Psalmengesangs, die eine Fülle von Vertonungen und liturgischen Formen aus sich heraussetzte. Daneben ist für den christlichen Gottesdienst die von den Psalmen inspirierte Lieddichtung hervorzuheben, die vor allem durch Luthers Nachdichtungen (z.B. „Ein feste

---

[30] Daneben gibt es weitere Texte in der biblischen wie in der außerbiblischen Literatur, die ebenfalls oft als Psalmen bezeichnet werden. Die hier vorgelegt Systematisierung folgt im Wesentlichen Hermann Gunkel, Joachim Begrich: Einleitung in die Psalmen. *Die Gattungen der religiösen Lyrik Israels.* Göttingen 1933 (Nachdruck 1975), ISBN 3-52-551663-0.

Burg ist unser Gott" nach Ps 46) und → Calvins Genfer Psalter ent-
scheidende Anstöße erhielt. Zugleich sind die Psalmen in Judentum und Christentum aber stets Gebets- und Meditationstexte der
persönlichen (und kultfernen) Frömmigkeit geblieben."[31]

>> *weitere Informationen:*
Psalmen (AT) Reinhard Müller erstellt: Mai 2013
Permanenter Link zum Artikel: http://www.bibelwissenschaft.de/
stichwort/31528/

– NT[32]

Gesänge als Lieder mit fester Melodie gab es wohl im frühen
Christentum ebensowenig wie im frühen Judentum. Hymnische
Text dagegen finden sich im Alten und Neuen Testament. Sie wurden im Gottesdienst „feierlich gesprochen", rezitiert. Im Mittelpunkt der heutigen Diskussion um den Gesang in den Gottesdienstgemeinden stehen vor allem die Begriffe "Psalm / ψαλμός
/ psalmós", "Hymnus / ὕμνος / hymnos" und "(geistliche) Ode /
ᾠδή odē (πνευματική / pneumatikē)" im Blick. C. Böttrich kommt
zu einem Ergebnis, das die heute mit diesen Begriffen bei uns als
nahezu selbstverständliche Verbindung bestreitet: „Alle drei Ter-
mini bezeichnen indessen Formen der Dichtung und beziehen
sich ausschließlich auf Texte, ohne dabei irgendeine Art 'Verto-

---

[31] Müller, Reinhard, Art. Psalmen (AT), in: Das Wissenschaftliche Bibellexikon
im Internet (www.wibilex.de), 2013
[32] In den Ausführungen zum NT schließe ich mich an an und zitiere: Christfried Böttrich: Artikel Liturgie/liturgische Texte im NT. in: Das Wissenschaftliche Bibellexikon im Internet. 2013. https://www.bibelwissenschaft.de/stich
wort/51965.

nung' zu implizieren."[33] Als Beleg verweist er auf Kol 3,16 und Eph 5,19. „Psalmen, Hymnen und geistliche Oden sind demnach Ausdruck von Lehre oder Ermahnung, in der man untereinander 'redet'. Was dann im Herzen geschieht ('singen und psalmodieren'), erfolgt ohnehin tonlos und lässt sich nur als eine Art innerer Rezitation verstehen."[34]

– – Cantica des NT (Lukas)

In Kapitel 1 und 2 hat Lukas in seinem Evangelium insgesamt vier hymnische Texte eingefügt. Sie werden „Cantica"genannt:

- Lk 1,46–55: Magnifikat – Lobgesang der Maria
  (Das Magnificat wird heute im Rahmen des Stundengebets in der Vesper gesungen.)
- Lk 1,68–79: Benedictus – Lobgesang des Zacharias
  (Das Benedictus ist in jeder Messe präsent – als zweiter Teil des Sanctus-Textes > siehe auch Station 5 „Sanctus", Seite 40.)
- Lk 2,14: Gloria – Lobgesang der Engel auf den Hirtenfeldern
  (Teil des „Gloriatextes" in der Messe)

---

[33] Christfried Böttrich: Artikel Liturgie/liturgische Texte im NT. in: Das Wissenschaftliche Bibellexikon im Internet. 2013. https://www.bibelwissenschaft. de/stichwort/51965.

[34] Christfried Böttrich: Artikel Liturgie/liturgische Texte im NT. in: Das Wissenschaftliche Bibellexikon im Internet. 2013. https://www.bibelwissenschaft. de/stichwort/51965.Weiter formuliert er: „Entscheidend ist der Unterschied zum freien, charismatischen Gotteslob: Anders als die unverständliche Glossolalie folgen Psalmen, Hymnen und geistliche Oden einem fixierten Wortlaut. In genau diesem Sinne unterscheidet bereits Paulus in 1 Kor 14,15 zwischen inem Beten von Psalmen (ψάλλω; psallō) mit dem Geist oder mit dem Verstand. Wenig später setzt er in 1 Kor 14,26 die Psalmen an die Spitze einer Liste von Wortbeiträgen (Psalm / Lehre / Offenbarung / Zungenrede / Übersetzung), die dem Aufbau der Gemeinde dienen sollen."

- Lk 2,29–32: Nunc dimittis – Lobgesang des Simeon im Tempel
(Diese Hyne gehört im Rahmen des Stundengebets zum Abend-
gebet, Komplet.)

C. Böttrich ordnet diese hymnischen Gesänge theologisch so ein:
„In diesen hymnischen Passagen reflektiert der Evangelist die
Christologie seiner Erzählung noch einmal auf einer anderen Ebe-
ne (Mittmann-Richert), so wie das Matthäus an entsprechender
Stelle mit seinen "Erfüllungszitaten" tut. Im vorliegenden Kontext
handelt es sich damit um sehr bewusst konzipierte christologi-
sche Texte. Ob sie bereits eine liturgische Vorgeschichte hatten
(was vor allem für Magnifikat und Benediktus immer wieder diskutiert worden ist), bleibt fraglich. Klar erkennbar ist indessen ihre
liturgische Nachgeschichte, die schon früh beginnt und bis heute
in die Tagzeitengebete verschiedener Konfessionen führt."[35]

> Weitere Entwicklung – Darstellung an ausgewählten Stationen

In den folgenden Stationen möchte ich Schwerpunkte aus der weiteren Geschichte von Gesängen in Liturgie und Gottesdienst in
den Blick rücken. Es werden jeweils besondere Aspekte in den
Vordergrund gestellt (u.a. Psalmenlieder, gregorianischer Choral,
Messgesänge, Lieder zu verschiedenen Zeiten des Kirchenjahres.
....). So soll ein Spektrum entstehen, das mit vielen Akzenten
wichtige Entwicklungspunkte ansprechen und Perspektiven zur
vertiefenden Weiterarbeit eröffnen will – natürlich will dies nicht
vollständig oder gar abschließend sein.

---

[35] Böttrich, Christfried, Art. Liturgie / Liturgische Texte im NT, in: Das Wissenschaftliche Bibellexikon im Internet (www.wibilex.de), 2013

(1) Gesangbuch

In den Gottesdiensten aller christlichen Konfessionen werden heute von allen „Gesangbücher" genutzt. Sie enthalten Lieder und liturgische Texte.

 hat sich seit dem 18. Jahrhundert allgemein verbreitet. Es gibt sie seit der Reformation. „Gesangbücher, die unter verschiedenen Titeln erschienen und deren Bezeichnungen in der Barockzeit immer mannigfaltiger und bildreicher wurden, waren lange Zeit meist Unternehmen der Verleger oder Drucker, bekamen aber z. B. durch die Mitarbeit der Reformatoren (Vorreden) einen halbamtlichen Charakter; sehr selten nur waren sie ausdrücklich für den Bereich einer Kirche bestimmt."[36] In den Gesangbüchern spiegelt sich vor allem auch die Geschichte des Kirchenliedes (in deutscher Sprache) in der Reformation.

Als Reaktion auf die evangelischen Gesangbücher entstanden auch Gesangbücher der katholischen Kirche. „ Wie jene boten sie nicht nur vorreformatorische Lieder (lat. und deutsch) und eigene Neudichtungen, sondern übernahmen auch, teils original, teils überarbeitet, evangelische Gesänge."[37]

Besonders in der Epoche der Aufklärung sollten die (philosophischen) Grundgedanken auch (das ja von vielen genutzte) Liedgut prägen. Dies bedeutete für viele Lieder, dass sie nicht mehr aufgenommen wurden oder - wie z.B. im Falle der Friedrich von Spees

---

[36] Artikel Gesangbuch in: Die Religion in Geschichte und Gegenwart, S. 11247 (vgl. RGG Bd. 2, S. 1453 ff.) (c) J.C.B. Mohr (Paul Siebeck)
http://www.digitale-bibliothek.de/band12.htm]
[37] ebda.

z.B. das Lied „tu auf, tu auf, du schönes Blut" in seinem Kern stark verändert wurde. [38]

Heute haben die Kirchen im deutschsprachigen Bereich „einheitliche" Gesangbücher. Für die Katholiken gibt es das „Gotteslob" [GL] (letzte Neubearbeitung 2013), für die evangelischen Kirchen das „Evangelische Gesangbuch" [EG] (eingeführt zwischen 1993 und 1996). Beide Gesangbücher enthalten einen Teil, in dem es ein Angebot für alle gibt (Stammteil), hinzu kommt ein Regionalteil für die jeweiligen Kirchenprovinzen.

>> *weitere Informationen*

> Eine Konkordanz zwischen „Gotteslob" (2013) und im Evangelischen Gesangbuch (1993) gibt es im Internet:

http://amt-fuer-kirchenmusik.de/Inhalt/Gottesdienst_und_Gotteslob/Gotteslob/EG_GL_Konkordanz.pdf

- Karl Christian Thust: Bibliografie über die Lieder des Evangelischen Gesangbuchs. Vandenhoeck und Ruprecht, Göttingen 2006, ISBN 978-3-525-50336-2.

> Gesangbucharchiv der Universität Mainz

https://www.gesangbucharchiv.uni-mainz.de/gesangbucharchiv/

Die Gesangbuchsammlung ist als Präsenzbibliothek zugänglich. - Hymnologie - was ist das eigentlich?

https://www.uni-mainz.de/downloads_presse/Natur_und_Geist_01_2010.pdf

- Evangelisches Gesangbuch (EG):

https://www.ekd.de/evangelisches-gesangbuch-52340.htm

- Gotteslob (GL) https://www.mein-gotteslob.de/online/index.html

***

---

[38] vgl. Theresa Seitz: Kirchenlieder Friedrich Spees von Langenfeld. in:MUSICA SACRA: Nr 1 2021.S. 10 f.

(2) exemplarisch: Psalm 23 – Der Herr ist mein Hirt

>> *zu Psalmen siehe auch: B. Gesänge für die Liturgie*

Aus dem Buch der Psalmen gehört der 23. Psalm (nach Zählung
der Bibelausgaben Septuaginta und Vulgata Psalm 22) zu den bekanntesten Bibeltexten. Psalm 23 ist wohl nach der Zeit des Exils
in Babylon entstanden. Der Text erinnert an Israels Weg durch die
Wüste beim ersten Exodus aus Ägypten („Wandern in tiefem Tal",
in „finsterer Schlucht", „Ruheplatz am Wasser") bis zur Landnahme
und der erfolgreichen Eroberung des Heiligen Landes. So gibt der
Psalm Jahrhunderte später bis heute Trost und Versprechen, dass
Gott dem Menschen beisteht. Er lässt die Menschen in schwerer
Zeit auf Rettung und die Hilfe Gottes hoffen.

Das Bild vom guten Hirten Hirten hat seine Wurzeln in der alto-
rientalischen Viehzüchtergesellschaft, in der jeder von der Bedeutung des Hirten wusste. Der „Hirt, der sich um seine Herde küm-
mert, sie beschützt, der sich für sie einsetzt, der sie nicht verhun-
gern und verdursten lässt" ist für den Psalmdichter ein Bild für
Gott, der immer auf der Seite seines Volkes ist, auch wenn den
Namen Gottes gläubige Juden ja nicht einmal aussprechen durf-
ten. In diesem Psalm kommt neben dem Hirtenmotiv im zweiten
Teil des Psalms (Vers 5) ein weiteres wichtiges Motiv hinzu: Gott
ist Gastgeber. Der Sänger und Beter des Psalm vertraut auf den
einen Gott, der den Menschen immer und überall wie ein Hirte
behütet und ihn als Gast aufnimmt, versorgt und ihm Obhut bietet.

Psalm 23 Der gute Hirt ⁻ ein Psalm Davids.

Der HERR ist mein Hirte; mir wird nichts mangeln. ² r weidet mich auf grünen Auen und führt mich zu stillen Wassern. ³ ER erquickt meine Seele, er führt mich auf rechter Straße um seines Namens willen.⁴ Und ob ich schon wanderte im finstern Todestal, fürchte ich kein Unglück; denn du bist bei mir, dein Stecken und dein Stab, die trösten mich!⁵ Du bereitest vor mir einen Tisch angesichts meiner Feinde; du hast mein Haupt mit Öl gesalbt, mein Becher fließt über. ⁶ Nur Güte und Gnade werden mir folgen mein Leben lang, und ich werde bleiben im Hause des HERRN immerdar.³⁹

Für Christen hat der Psalm zusätzlich besondere Bedeutung: Jesus selbst bezeichnet sich als der „gute Hirte", der sein Leben für die Schafe hinzugeben bereit ist (Joh 10,11 ff).

> Liedvertonungen Psalm 23

Psalm 23 im Gotteslob

Nr. 37,1 Kehrvers zu Psalm 23 (Melodie Josef Seuffert (*1926)
Nr. 37,2 der komplette Psalmtext
Nr. 421 Lied: Mein Hirt ist Gott , der Herr

---

[39] Übersetzung: Schlachter 1951. https://www.bibel-online.net/buch/schlachter_1951/psalm/23/

>> Zum Lied 421 Mein Hirt ist Gott, der Herr ...

Schöpfer des Liedes ist Caspar Ulenberg (1549-1617). Er war katholischer Theologe, Bibelübersetzer, Dichter und Komponist. Sein Hauptwerk als Dichter: ist eine Nachdichtung der biblischen Psalmen: „Die Psalmen Davids in allerlei deutsche Gesangreime gebracht". Als „Ulenbergs Psalmen" war diese Sammlung bis ins 19. Jahrhundert die unter Katholiken meistgelesene (und gesungene) Psalmdichtung.

> Der Psalm 23 ist oft von Komponisten vertont worden:

Johann G. Walter: Der Herr ist mein getreuer Hirt. // Heinrich Schütz: Der Herr ist mein getreuer Hirt. In: Beckerscher Psalter, (SWV 97-256) // Johann Sebastian Bach: Der Herr ist mein getreuer Hirt. Choral 3 in: Ich bin ein guter Hirt. (Kantate BWV 85)//Gottfried August Homilius: Der Herr ist mein Hirte. Motette (HoWV V.8) // Anton Bruckner: Der Herr regieret mich und nichts wird mir mangeln. (WAB 34) // Franz Schubert: Gott ist mein Hirt (D.706) // Antonín Dvořák: Hospodin jest můj pastýř. In: Biblische Lieder. opus 9 (1894/1895) // Leonard Bernstein: in Chichester Psalms, 2. Satz (1965)

> mehr: https://www.liederdatenbank.de/bible/psa/23

(3) Halleluja – ein alter biblischer Jubelruf

„Halleluja" (lateinisch: „Alleluja". „Halleluja" הָלַל (halal)) geht auf das hebräische Wort für „loben, verherrlichen" verbunden mit einer Kurzform des Gottesnamens in der hebräischen Bibel zurück. Man könnte es so übersetzen: „Preist Jahwe, unseren Gott". Man findet diesen Jubelruf im Alten Testament (z.B. in den Psalmen 104–106, 110– 118, 134–135, 145–150).

Psalm 150
¹ Hallelujah! Lobet Gott in seinem Heiligtum, lobet ihn in der Feste seiner Macht!
² Lobet ihn wegen seiner mächtigen Taten, lobet ihn ob seiner großen Majestät!
³ Lobet ihn mit Posaunenschall, lobet ihn mit Psalter und Harfe!
⁴ Lobet ihn mit Pauken und Reigen, lobet ihn mit Saitenspiel und Flöte! ⁵ Lobet ihn mit hellen Zimbeln, lobet ihn mit lauten Zimbeln! ⁶ Alles, was Odem hat, lobe den HERRN! Hallelujah![40]

Im Neuen Testament kommt der Halleluja-Ruf nur einmal vor: Christus , das Lamm, als Sieger über Babylon bejubelt.
Dieser biblische Jubelruf „Halleluja" wird ohne Übersetzung von allen christlichen Kirchen in den Gottesdiensten verwendet. Aus dem jüdischen Gottesdienst übernommen – dient er unübersetzt zur Begrüßung Christi vor dem Evangelium und gehört natürlich

---

[40] Übersetzung/Quelle: https://www.bibel-online.net/buch/schlachter_1951/psalm/150/#1

als Akklamation und Ruf in die gottesdienstliche Liturgie aller christlichen Kirchen.

> *Aus dem letzten Buch der Bibel („Offenbarung", „Apokalypse")*
> *[4] Und die vierundzwanzig Ältesten und die vier lebendigen Wesen fielen nieder und beteten Gott an, der auf dem Throne saß, und sprachen: Amen! Halleluja*
> *[5] Und eine Stimme ging aus vom Throne, die sprach: Lobet unsren Gott, alle seine Knechte und die ihr ihn fürchtet, die Kleinen und die Großen! [6] Und ich hörte wie die Stimme einer großen Menge und wie das Rauschen vieler Wasser und wie die Stimme starker Donner, die sprachen: Halleluja! Denn der Herr, unser Gott, der Allmächtige, ist König geworden! (Offb 19,4–6)[41]*

– Ruf vor dem Evangelium

Eine besondere Bedeutung hat das Halleluja in der Messe als „Ruf vor dem Evangelium". Mit dem Hallelujaruf bekennt die Gemeinde ihren Glauben und lobt Gott für die „Frohe Botschaft", das Evangelium. Das Halleluja wird im Wechsel von Vorsänger und Gemeinde gesungen. Nur in der Fastenzeit wird auf das Halleluja verzichtet. Hier gibt es den Ruf "Lob Dir Christus, König und Erlöser!" (GL 176, 5).

– „Halleluja" im Gotteslob

Hallelujaverse finden sich unter den Numern 174 und 175 in vielen Varianten. Besonders bekannt ist ein Halleluja – ursprünglich aus der Osterzeit (Nr. 175,2). Dieses Halleluja ist schon lange

---

[41] Übersetzung/Quelle: https://www.bibel-online.net/buch/schlachter_1951/offenbarung/19/#1

überliefert. die erste Niederschrift dieses Halleluja-Rufs gab es schon vor über 1000 Jahren.

> Halleluja - Neues Geistliches Lied:

GL 174, 1 (Gesang aus Taize (J. Berthier)

GL 483 (Ihr seid das Volk, das der Herr sich ausersehn ... - KV: Halleluja. Dieses Lied wird von vielen als „Taizé"-Halleluja angesehen. Dies trifft allerdings nicht zu. Das Gotteslob notiert richtig: Musik: Karen Lafferty (c) 1972.

- Das „Halleluja" in Musikkompositionen geistlicher Musik

Der Hallelujaruf ist vielfach vertont worden. Am bekanntesten dürfte das Halleluja aus Georg Friedrich Händels „Der Messias" (1741) sein.

>Text des Halleluja aus dem Oratorium „Der Messias"[42]

Hallelujah!
For the Lord God omnipotent reigneth (Offb 19,6).
The kingdom of this world is become
the kingdom of our Lord, and of his Christ;
and he shall reign for ever and ever (Offb 11,15):
King of kings, and Lord of lords (Offb 19,16).
Hallelujah!

---

[42] „Das Libretto des Oratoriums ist eine Zusammenstellung von Bibeltexten, vorgenommen von Charles Jennens (1700-1773), ... Er war ein Freund Händels, dem er u.a. auch den Text für das Oratorium „Saul" geliefert hatte. Im Frühsommer 1741 überreichte er Händel den Text zum „Messias", der diesen im folgenden Herbst vertonte. ... In dieser Fassung wird der Messias bis heute in Englisch gesungen. " (Nr. 7)."
http://www.kantatenchor-bern.ch/inc/ docs/textheft/Textheft_2_17.pdf

Deutsche Singfassung:

Halleluja!
Denn Gott der Herr regieret allmächtig.
Das Königreich der Welt ist fortan
das Königreich des Herrn und seines Christ;
und er regiert auf immer und ewig:
Herr der Herrn, der Welten Gott.
Halleluja! [43]

Auch von W.A. Mozart gibt es eine bekannte Vertonung: Exultate Jubilate (K.165/158a/ 1. Allegro. Exsultate, jubilate / Recitative: Fulget amica dies / 2. Tu virginum corona / 3. Alleluja

– ... und in der Pop Musik ..
Es gibt ein bekanntes Halleluja von Leonard Cohen. „Ich hörte von einer geheimnisvollen Melodie, David spielte sie, und sie gefiel dem Herrn", so beginnt die erste Strophe des Klassikers in deutscher Übersetzung. Mit seinen rätselhaften Versen voller biblischer Motive spielt der Sänger historisch korrekt an auf die Wurzeln des Halleluja im Kultus des alten Israel.

>> weitere Informationen:
https://www.liturgie.ch/hintergrund/eucharistiefeier/wortverkuen digung/219-halleluja

***

---

[43] zitiert nach: https://de.wikipedia.org/wiki/Hallelujah_(H%C3%A4ndel)

(4) Der GREGORIANISCHE CHORAL

... von den frühen Christengemeinden bis heute – mehr als nur Geschichte

Schon in den ersten Christengemeinden wurde gesungen. Paulus schreibt an seine Gemeinde in Ephesus „„Lasst in eurer Mitte Psalmen, Hymnen und Lieder erklingen, wie der Geist sie eingibt. Singt und jubelt aus vollem Herzen zum Lob des Herrn!" (Eph 5,19). Im Buch der Psalmen sind 150 „Lieder" zu vielen Anlässen wie Freude, Leid, Trauer, Not, Hoffnung, Dank und Lob gesammelt.[44] Sie wurden schon lange vor Jesus in den Synagogen gesungen und Paulus will, dass auch seine Gemeinden das fortführen. Die „Hymnen und Lieder", von denen Paulus spricht, finden sich z.B. im Lukasevangelium (der Lobgesang des Zacharias, das Benedictus (Lk1, 68-79), der Lobgesang Mariens – das Magnifikat – (Lk1,46-55) und der Lobgesang des Simeon – nunc dimittis (Lk2,29ff).

Von Melodien und Rhythmen dieser Gesänge haben wir allerdings keine Aufzeichnungen, sie wurden mündlich in den Gemeinden weitergegeben, verändert und entwickelt (eine Notenschrift gibt es erst ab dem 9. Jahrhundert). Vom Ende des 4. Jahrhunderts wissen wir, dass die Gottesdienstgemeinde nicht nur Psalmen und Hymnen gesungen, sondern auch in einfachen, kurzen Versen

---

[44] mehr: siehe S. 24 (Biblische Grundlagen – AT)

(„Antiphonen") auf die Gesänge von Priestern und Vorsängern geantwortet hat. [45]

Für diesen einstimmigen Gesang ohne Begleitung durch ein Instrument benutzen die Fachleute den Begriff „gregorianischer Choral". Wie erklärt sich dieser Name? Er bezieht sich auf Papst Gregor I (+ 604), der eine Sammlung dieser Gesänge („Choräle") veröffentlicht haben soll. Am Hof des Papstes in Rom gab es damals die „Schola cantorum" (einen Männerchor). Diese "Schola" hat die Messen mitgestaltet. Von ihr wurden gesungen: zum Einzug der Priester ein Eingangsgesang (Introitus), das Kyrie, das Gloria, das Sanktus, das Agnus Dei und das Kommunionlied (Communio), außerdem Litaneien und Hymnen. Seit dieser Zeit sind sehr viele Gesänge dazugekommen, so z.B. das „Te Deum", das „Veni Creator Spiritus an Pfingsten", Texte für alle Sonntage des Kirchenjahrs ... Der Name „gregorianischer Choral" für diese lateinischen Gottesdienstgesänge bis heute erhalten. [46]

Bis zum II. Vatikanischen Konzil (1962–65) stand in der gesamten Weltkirche der Gregorianische Choral in Latein gesungen im Mittelpunkt. Im 20. Jahrhundert waren allerdings immer mehr Gesänge in viele Landessprachen übersetzt und um viele melodische und rhythmische Varianten ergänzt. Zusammen mit den alten Versionen sind sie in die Gesangbüchern aufgenommen worden und

---

[45] Peter Bubmann: Stichwort Musik in: Das Wissenschaftlich-Religionspädagogische Lexikon im Internet. https://www.bibelwissenschaft.de/stichwort/100029/

[46] Im Graduale Romanum der römisch-katholischen Kirche sind sämtliche Stücke des gregorianischen Chorals, die bei der Feier der Messe von Schola und Kantor zu singen sind, in Quadratnotation enthalten.

das II. Vatikanische Konzil wünschte ausdrücklich, die Sprache des Volkes im Gottesdienst zu sprechen. Dadurch trat der „gregorianische Choral" etwas in den Hintergrund.

Der „gregorianische Choral" ist in all seinen Fassungen auch heute in Gottesdiensten von Bedeutung. Es gibt den „Kantor" (Vorsänger) und die „Schola" (kleiner Chor"), sie sind typisch für den gregorianischen Choral. In vielen Gemeinden wird sonntags der Zwischengesang zwischen Lesung und Evangelium und der Hallelujaruf, oft auch das Agnus Dei, nach Art des gregorianischen Chorals gesungen. Selbst, wenn die Musik aus dem 20. Jahrhundert auf dem Liedplan steht, hat oft der gregorianische Choral Pate gestanden – ein besonders gutes Beispiel bieten viele im"Gotteslob" aufgenommene Gesänge aus Taizè. Sie folgen den ganz alten Mönchs-Traditionen. Bis heute erklingt der gregogrianische Choral in vielen Klöstern täglich (in Messe und Stundengebet – z.B. Vesper).

Übrigens haben auch Martin Luther und die evangelischen Kirchen den gregorianischen Choral keineswegs aufgegeben und durchaus weiter gepflegt. Es gab – später auch in der katholischen Kirchenmusik – allerdings eine ganz neue Entwicklung: Kirchenlieder in deutscher Sprache, mit neuen Melodien und Rhythmen, oft auch mehrstimmig ...

> **Spuren des gregorianischen Chorals im Gotteslob**
- lateinische gregorianische Gesänge: Messen: Nr. 104-123, Hymnen: 320, 341,520,529, 494
- ins Deutsche übersetzte gregorianische Gesänge: Messen: Nr. 126-139, Vesper: 627 ff.

- am gregorianischen Choral orientierte Kirchenlieder: Nr. 402, 442, 342

- am gregorianischen Choral orientierte Lieder aus Taizè: Nr. 154, 174, 345, 350,365,386)

>> *weitere Informationen*

- Ewald Jammers: Der mittelalterliche Choral. Art und Herkunft. (= Neue Studien zur Musikwissenschaft II). Schott, Mainz 1954 kostenloser Download: https://schott-campus.com/wp-content/uploads/2016/04/jammers_der-mittelalterliche-choral.pdf)

- Pfisterer, Andreas: Cantilena romana: Untersuchungen zur Überlieferung des gregorianischen Chorals. Verlagsort: Paderborn; München; Wien; Zürich | Erscheinungsjahr: 2002 | Verlag: Schöningh.

online verfügbar:

https://digi20.digitale-sammlungen.de//de/fs2/object/display/bsb00043723_00001.html

***

(5) SANCTUS

Einer der Höhepunkte der Messe ist das Sanctus. Die Gemeinde singt nach der Präfation „Heilig, heilig heilig ... ".

Dieser Ruf geht zurück auf den Propheten Jesaja (6,3): *„Und einer rief dem anderen zu und sagte: Heilig, heilig, heilig ist der HERR der Heerscharen. Erfüllt ist die ganze Erde von seiner Herrlichkeit".* Im Sanctus aufgenommen wird auch der Ruf der Menge beim Einzug Jesu in Jerusalem (Mt 21,9): *„Die Leute aber, die vor ihm hergingen und die ihm nachfolgten, riefen: Hosanna dem Sohn Davids! Gesegnet sei er, der kommt im Namen des Herrn. Hosanna in der Höhe!"* .

„Sanctus" wurde wohl zuerst im 4. Jahrhundert im syrisch-palästinischen Raum oder in Ägypten im Gottesdienst gesungen. Hier könnte auch das Vorbild des jüdischen Gottesdienstes eine wichtige Rolle gespielt haben. Das Sanctus mit dem Hosanna (Mt 21,9) wird dann bald auch in den Gemeinden des Westens gesungen – erstmals von Caesarius von Arles (470-542) berichtet. Selbstverständlich gehört es in die Messgesänge des gregorianischen Chorals – gesungen von der Gemeinde, bisweilen auch von der Schola. (Der lateinische Text: Gotteslob Nr. 106)

Im Gotteslob haben wir heute viele Fassungen des alten Sanctus, die von der Gemeinde im Gottesdienst gesungen werden.
> lateinisch: gregorianisch: Nr. 106, 110, 115,118, 734 (Fassung Taizé)

> deutsch: Nr. 190 – 200, Besonders bekannt ist das „Heilig, hei-lig, heilig" aus der Deutschen Messe von Franz Schubert (GL Nr. 388). Es wird im Gotteslob allerdings nicht unter den „Sanctus-Liedern" geführt, da es nicht den Wortlaut des Sanctus aufnimmt. Von Schubert selbst gibt es zwei Fassungen dieses Liedes, eine für vierstimmigen gemischten Chor mit Orgel , sowie eine weitere, die zusätzlich ein kleines Orchester vorsieht.

– „Sanctus" und „Benedictus" in der Kirchenmusik

In allen mehrstimmigen Messvertonungen – besonders bekannt die großen Messen namhafter Komponisten (wie J. S. Bach, Wolf-gang Amadeus Mozart, Franz Schubert, Joseph Haydn, L v. Beetho-ven und viele anderen) wird das Sanctus feierlich gestaltet und ist einer der Höhepunkte der Messe.

Schon seit seit dem Mittelalter wurde bei der Aufführung im Got-tesdienst das „Sanctus" mit „Hosanna" (erster Teil) vom „Benedic-tus" mit Hosanna (zweiter Teil) getrennt. Das Sanctus wurde vor der Wandlung, das Benedictus nach der Wandlung gesungen. Der Priester betete gleichzeitig das Hochgebet leise.

>> *weitere Informationen:*

https://www.liturgie.ch/hintergrund/eucharistiefeier/eucharistie feier/150-praefation

***

(6) „Bet-Singmessen" – „Deutsche Hochämter"

Messen an den Sonn- und Feiertagen wurden schon immer auch in kleinen Gemeinden besonders musikalisch gestaltet, in der Regel unter Verantwortung des Organisten – mit der Orgel und Gemeindegesang, mit Chor, Schola und Orgel, bisweilen auch mit weiteren Instrumenten.

Hier geht es um „Messen", die nur von der Orgel begleitet werden – komponiert vom ausgehenden 18. bis zu den dreißiger Jahren des 20. Jahrhunderts.

Neben dem gregorianischen Choral fanden im deutschsprachigen Raum Kirchenlieder in deutscher Sprache immer mehr Verbreitung. „Bet -Sing -Messe" war die in den meisten Gemeinden gefeierte Form der Sonntagsgottesdienste.

In den Gesangbüchern gab es zunehmend Sammlungen von Chorälen zu „Messen" zusammengefasst. (Die neueste Ausgabe des Gotteslob (2013) hat diese Praxis nicht weiter geführt). Von vielen Messen gab es zwar Fassungen für Chor, teilweise auch für Chor und Orchester. In den Landgemeinden jedoch wurden die (originalen) Fassungen für Gemeindegesang mit Orgelbegleitung verwendet. Es gab eine Vielzahl solcher Messen mit vielen regionalen Besonderheiten, die oft in die Gesangbücher der Bistümer augenommen wurden. Viele Messen erfreuten sich überregionaler Beliebtheit.

Beliebteste Deutsche Messen in einer 1936 veröffentlichten Untersuchung[47]

1. Schubert, Franz Wohin soll ich mich wenden 2092
2. Haydn, Michael Hier liegt vor Deiner Majestät 2013
3. Weigl, P. Nivard Hier wirft vor Dir im Staub sich hin 291[48]

> Haydn, Michael: Messe – Hier liegt vor Deiner Majestät[49]
1795 veröffentlichte Michael Haydn (1737–1806) sein „Deutsches vollständiges Hoch-Amt" (MH 602, MH 642). Diese Lieder (Text: Franz Seraph von Kohlbrenner) zu den einzelnen Teilen der Messe (die nach wie vor vom Priester gleichzeitig zum Gesang der Gemeinde eher leise auf Latein gesprochen wurden) wurde und wird meist nach der ersten Zeile des Eingangsliedes „Hier liegt vor deiner Majestät" benannt, oft als Haydn-Messe bezeichnet. Der Text

---

[47] Über das Repertoire der Kirchenchöre im ersten Drittel des 20. Jahrhunderts gibt eine von Josef Gurtner 1936 veröffentlichte umfangreiche Statistik, die, auf Basis einer Befragung mit umfangreichen Fragebögen, den Zustand der Kirchenmusik in allen Kirchen und Kapellen Österreichs, in denen regelmäßig Gottesdienst abgehalten wurde, Aufschluss. Zitiert nach HelfgottDie Orgelmesse Eine Untersuchung der orgelbegleiteten Messen vom ausgehenden 18. bis zum beginnenden 20. Jahrhundert
S.: 254 https://core.ac.uk/download/pdf/11586733.pdf
[48] ebda. ... 4. Habert, Johann Ev. Vater, Deine Kinder treten 229/5. Duck, August Jesus rief zu sich die Kleinen 224/6. Faist, Dr. Anton op. 32, Kommet Christen 213
7. Cäcilia, Schwester Maria Nr. 1, Deutsche Singmesse für das Volk: „Erbarme dich unser, allmächtiger Gott" (255 Z)
[49] siehe auch: Barbara Krätschmer: Die deutsche Singmesse der Aufklärung unter besonderer Berücksichtigung der Deutschen Hochämter von Johann Michael Haydn. In: Singende Kirche 33 (1986), S. 11-17

ist vom Geist der Aufklärung geprägt und als Singmesse zum katholischen Gemeingut geworden[50].

– Zur Eröffnung/Kyrie:Hier liegt vor deiner Majestät im Staub die Christenschar

Zum Eingang
Hier liegt vor deiner Majestät
im Staub die Christenschar,
das Herz zu dir oh Gott erhöht,
die Augen zum Altar.

Schenk uns oh Vater deine Huld,
vergib uns unsre Sündenschuld.
Oh Gott, von deinem Angesicht,
verstoß uns arme Sünder nicht.

– Gloria:Gott soll gepriesen werden
– Antwortlied: Aus Gottes Munde gehet das Evangelium
– Zum Glaubensbekenntnis: Allmächtiger, vor dir im Staube bekennt dich deine Kreatur
– Zur Gabenbereitung: Nimm an, o Herr, die Gaben
– Sanctus: Singt: Heilig, heilig, heilig
– Nach der Wandlung: Sieh, Vater, von dem höchsten Throne

---

[50] Die Vertonung von „Hier liegt vor Deiner Majestät" von M. Haydn ist die wohl bekannteste und findet sich in mehreren Regionalteilen des katholischen Gesangbuchs Gotteslob.

– Agnus Dei: Betrachtet ihn in Schmerzen

– Zur Kommunion: O Herr, ich bin nicht würdig

– :Nun ist das Lamm geschlachtet

> Schubert, Franz: Messe – Wohin soll ich mich wenden

Komponiert: 1827

Text: Johann Philipp Neumann

Komponist: Franz Schubert DW 872

Die Messe wurde von dem Professor Johann Philipp Neumann (Wiener Technischen Hochschule), dem Textautor, in Auftrag gegeben. Schubert komponierte zwei Fassungen (eine für vierstimmigen gemischten Chor mit Orgel, eine für zwei Oboen, Klarinetten, Fagotte, Hörner und Trompeten sowie drei Posaunen, Pauken und einen Kontrabass).

Diese Messe ist wie das „Deutsche Hochamt" von Michael Haydn aufgebaut. Die Lieder lehnen sich der Intention nach an die Messgesänge des Ordinariums an.

Einzelne Lieder aus dieser Messe sind in Österreich und in Süddeutschland bis heute im Gebrauch und finden sich auch im „Gotteslob".[51]

> 1. Eingang Zum Eingang: Wohin soll ich mich wenden (GL 145)

> 2. Gloria : Ehre, Ehre sei Gott in der Höhe! (GL 413)

---

[51] Einzelne Lieder aus der Messe sind im Stammteil des katholischen Gebets- und Gesangbuches Gotteslob enthalten, Wohin soll ich mich wenden (GL 145), Ehre, Ehre sei Gott in der Höhe (GL 413) und Heilig, heilig, heilig ist der Herr (GL 388); auch die vollständige Messe findet sich – z.B. in der österreichischen Ausgabe unter der Nummer 711.

> 3. Evangelium und Credo: Noch lag die Schöpfung formlos da

> 4. Offertorium: Du gabst, o Herr, mir Sein und Leben

>5 Sanctus: Heilig, ... ist der Herr! (GL 388)

> 6. Nach der Elevation (Wandlung): Betrachtend deine Huld ...

> 7. Agnus Dei: Mein Heiland, Herr und Meister

> 8.Schlussgesang: Herr, du hast mein Fleh'n vernommen

> Anhang. Das Gebet des Herrn – Anbetend Deine Macht ...

> **Messen von Joseph Haas aus dem 20. Jahrhundert**

Joseph Haas (1879-1960) war Schüler von Max Reger an der Akademie für Tonkunst in München (heute: Hochschule für Musik und Theater München). Dort war er von 1924 bis 1950 als ordentlicher Professor tätig.

– Eine Deutsche Singmesse (op.60)

– Speyerer Domfestmesse (op.80)

Text: Wilhelm Dauffenbach

Es gibt sie in zwei Variationen – für Orgel/Harmonium mit Gemeindegesang und eine Fassung für Blasorchester.[52]

Diese Messe wurde anlässlich des 900. Jahrestags der Domweihe in Speyer komponiert. Die Messe steht am Ende einer Entwicklung bei Joseph Haas,der sich mit (u.a. „Deutsche Vesper", „Christuslie-

---

[52] Bis in die 1950er Jahre hinein gehörte diese Messe zum allgemeinen Liedgut in den Gemeinden des Bistums, geriet dann aber vorübergehend völlig in Vergessenheit. Jahre später erhielt sie wieder einen Platz im neuen Speyerer Diözesananhang (zum Einlegen) des katholischen deutschen Einheitsgesangbuches „Gotteslob".

der") mit religiöser Thematik beschäftigt hatte. Karl Laux – Biograph von J.H. – formuliert im Blick auf die Entwicklungen von Kompositionen auf geistliche Musik im Blick auf die Speyerer Domfestmesse: „Aus dem religiösen Motiv wird das liturgische. Aus dem Konzertsaal geht der Komponist in die Kirche. Uns aus der Kompliziertheit von Melodie und Begleitung wird die naive Einfachheit eines Liedes. Aus der Einstimmigkeit des Chores wird die Einstimmigkeit des Volkes" [53] Zur Orgel/Harmonium Begleitung: „Die Begleitung des Liedes ist gleichfalls ganz volkstümlich gehalten. Sie ist akkordisch, wie es bei Haas selbstverständlich ist, ... kraftvoll, ohne viel chromatische Ausflüchte und immer wieder durchsetzt von Haas'schen Stilelementen, von linear erfühlten Stimmführungen, worauf besonders die reizvolle Einklang-Sekunden-Terz-Parallele des Anfangs hinweist."[54]

- Christ-König-Messe (Limburger Domfestmesse) (op.88)
Text: Wilhelm Dauffenbach
Anlass war das Limburger Domjubiläum 1935. Die Messe hat ähnlichen Charakter wie die Speyerer Domfestmesse . Die Messe wird bis heute im Bistum Limburg – nicht nur am Christkönigsfest – in vielen Gemeinden gesungen, obwohl sie im „Gotteslob" nicht mehr aufgenommen ist.

> *Beispiele weiterer Mess – Gottesdienstkompositionen:*
- Münchener Liebfrauenmesse (op. 96)

---

[53] Karl Laux: Joseph Haas. Berlin 1954. S. 153
[54] ebda.S. 155

– Te Deum (op. 100)/ – Totenmesse (op. 101)/

– Deutsche Weihnachtsmesse (op. 105)

– Deutsche Chormesse (op. 108)

>> *weitere Informationen:*

Martin Geisz: Kompositionen für den Gottesdienst für Landorganisten und Harmonium von 1850-1950. Berlin 2019. S. 68-79

***

(7) Marianische Antiphonen: Gottesmutter, Mutter der Barmherzigkeit, Maria Himmelskönigin, Meerstern, ...

Hier geht es um die jahrhundertelange Tradition der Gesänge um Maria. Angeknüpft wird bei drei alten „marianischen Antiphonen", die seit Jahrhunderten das tägliche Stundengebet der Kirche (Vesper oder Abendgebet- die Komplet) abschließen und auch lange zum Schluss der Messfeier traditionell gesungen wurden. In diesen Antiphonen wird Maria, die Mutter des Erlösers, als die Himmelskönigin gegrüßt und um ihre Fürsprache angerufen. Viele Künstler haben Marienstatuen geschaffen, die sie als Königin mit Krone, Zepter und ihrem Kind auf dem Arm darstellen. Marienverehrung lebt vor allem in der Volksfrömmigkeit, besonders an vielen Marienwallfahrtsorten. Katholische Theologen dagegen stellen Maria seit dem II. Vatikanischen Konzil nur selten in den Mittelpunkt ihrer Überlegungen. Das II. Vatikanische Konzil hat Maria kein eigenes Dokument gewidmet, spricht aber im Kapitel „Lumen Gentium" von Maria „als Urbild der Kirche".

Die in den Lieder verwendeten Bilder von Maria als „Königin", „Herrscherin" und „Meerstern" finden sich in der Bibel nicht. Deshalb haben protestantische Theologen mit der in der katholischen Kirche gepflegten Marienverehrung große Schwierigkeiten. Sie beschränken sich auf die biblischen Grundlagen. Im evangelischen Gesangbuch gibt es diese Marienlieder nicht.

1. Marianische Antiphon zur Osterzeit –
   REGINA CAELI (COELI) – "FREU' DICH, DU HIMMELSKÖNIGIN"

lateinisch: Gotteslob 666,3 – deutsch: FREU DICH, DU HIMMELS-KÖNIGIN" (GL 525)

Das Regina Caeli wird in der Osterzeit gesungen und ist ein „Jubelruf über die Auferstehung Jesu Christi. Es lädt zugleich ein, in der Anrufung Marias zu betrachten, was auch uns aufgrund der Auferstehung Jesu Christi verheißen ist: die Vollendung in der ewigen Gegenwart Gottes. " [55]

Text und die gregorianische Melodie der Antiphon sind seit dem 12. Jahrhundert überliefert. Das Lied im Gotteslob („Freu' dich, du Himmelskönigin") stammt aus dem 16. Jahrhundert.

„Freu' dich, du Himmelskönigin, Halleluja! Den du zu tragen würdig warst, Halleluja, er ist auferstanden, wie er gesagt hat, Halleluja. Bitt Gott für uns, Halleluja."

„Regina coeli" wurde von vielen Komponisten vertont. Besonders bekannt sind drei Vertonungen des jungen Mozart (KV 108, 127 und 276) und die Vertonung von Johannes Brahms op. 37, Nr 3.

---

[55] https://www.ebfr.de/wege-mit-maria/das-regina-caeli-coeli-freu-dich-du-himmelskoenigin/(Dr. Norbert Kebekus, Bistum Freiburg).

2. Marianische Antiphon außerhalb der Festzeiten –
SALVE REGINA – "Gegrüßest seist du, Königin"

lateinisch: Salve Regina": GL 666,4 – deutsch: "Gegrüßet seist du, Königin" GL 536

Die Einführung des "Salve Regina" in die Liturgie kann bis ins 12. Jh. zurückverfolgt werden. Das Lied findet sich in Handschriften aus den Klöstern auf der Insel Reichenau. In St. Gallen ist das „Salve Regina" seit dem 11. Jahrhundert überliefert.

Salve, Regina, mater misericordiae; Vita, dulcedo et spes nostra, salve.
Ad te clamamus, exules filii Evae. Ad te suspiramus, gementes et flentes in hac lacrimarum valle.

Eine deutsche Form „Gegrüßet seist du, Königin," von Johann Georg Seidenbusch (1641-1729) findet sich im Gotteslob (GL 536).

Die Urfassung der Melodie steht in einem Mainzer Gesangbuch von 1712.

1 Gegrüßet seist du, Königin, (o Maria) – erhab'ne Frau und Herrscherin, (o Maria).
2 O Mutter der Barmherzigkeit, – du unsres Lebens Süßigkeit. ...
Der Refrain lautet: „Freut euch, ihr Kerubim, lobsingt, ihr Seraphim, grüßet eure Königin: Salve, salve, salve Regina!"

– Das „Salve Regina in Musikkompositionen geistlicher Musik
Melodie und Text des „Salve Regina" wurde auch von vielen Komponisten aufgegriffen.

– Franz Schubert (1797-1828): Salve Regina op. 140 in C-Dur für gemischtes Quartett (April 1824) und Salve Regina op. 153 in A-Dur für Sopran und Orchester
– Franz Liszt (1811-1886): Salve Regina (1885)
– Andrew Lloyd Webber(* 1948): im Musical "Evita" (1974) unter dem Titel "Requiem"
– Anrdeas Willscher (*1955): 4. Orgelsymphonie „Die Marianische" – 1. Satz

3. Marianische Antiphon in der Adventszeit
ALMA REDEMPTORIS MATER   – MARIA, MUTTER UNSERS HERRN

lateinisch: GL 661,
deutsch: MARIA, MUTTER UNSERS HERRN GL 530

Die Antiphon wird in der Adventszeit gesungen.
Die Antiphon könnte jedoch bereits ins 9.Jahrhundert zurückgehen. Die älteste Text-überlieferung findet sich im Antiphonar von Saint-Maur-des-Fossés bei Paris aus dem 12. Jahrhundert
Alma Redemptoris Mater, quae pervia caeli | porta manes et stella maris, succurre cadenti, | surgere qui curat, populo
Erhabne Mutter des Erlösers, du allzeit offene Pforte des Himmels und Stern des Meeres, komm, hilf deinem Volke ...

In dieser Antiphon werden die Bilder von der „Himmelspforte" und des „Meeressterns", die in vielen anderen Marienliedern vorkommen, verwendet.

- Das „Alma Redemptoris Mater" in Musikkompositionen
  geistlicher Musik

Melodie und Text wurde auch von Komponisten aufgegriffen. z.B.:

- Joseph Haydn: Alma redemptoris mater E-Dur Hob. XXIIIb:E1 und B-Dur Hob. XXIIIb:B4 (Chor, Horn, 2 Violinen, B. c.)
- Josef Gabriel Rheinberger:Alma redemptoris mater (op. 171,2a) aus: Sechs Marianische Hymnen).

>> weitere Informationen:

Wolfgang Bretschneider: Marianische Antiphonen. II. Musikalisch. In: Walter Kasper (Hrsg.): Lexikon für Theologie und Kirche. 3. Auflage. Band 6. Herder, Freiburg im Breisgau 1997, Sp. 1359.

***

(8) Kirchenlieder des Volkes: statt in Latein in Deutsch

Seit etwa dem 12. Jahrhundert sind uns Kirchenlieder in deutscher Sprache überliefert. Sie waren beim gläubigen Volk sehr bekannt und wurden gern gesungen, auch wenn sie in der Messe nicht erlaubt waren. Bei Festen, Wallfahrten und feierlichen Prozessionen waren diese Lieder besonders beliebt.

> Lieder mit „Kyrie eleis - Ruf" (ab 1100)

Auf einen kurzen Glaubenstext der Ruf „Kyrie eleis" -(Herr erbarme Dich!) gesungen. Die Fachleute nennen diese Lieder „Kyrieeleisen", oder auch „Leisen". Im Gotteslob (GL) finden sich aus dieser Tradition: „Christ ist erstanden" Gl 318 (seit 1150 überliefert) / „Christ fuhr gen Himmel" – Gl 319 (14. Jahrhundert) / „Nun bitten wir den Heiligen Geist" – GL 348 (um 1250 erstmals erwähnt)/ „Gelobet seist du, Jesu Christ" – GL 252 (erste Strophe um 1380 entstanden) / „Gott sei gelobt und gebenedeiet" – GL Nr. 215 (Text aus dem Jahr 1350)

> Volkslieder mit Glaubensaussagen

Neben den „Leisen" gab es auch schon früh religiöse Volkslieder. Hierher gehören viele Marienlieder und Lieder, die ganz eigene Bilder pflegen. Im „Gotteslob" finden Sie aus dieser Gruppe. „Es kommt ein Schiff geladen" (Gl - 236), entstanden im 14. Jahrhundert, J. Tauler zugeschrieben); viele Marienlieder: „Freu Dich Du Himmelskönigin" (GL 525, Text nach „Regina Caeli", 12. Jahrhundert), „Christi Mutter stand mit Schmerzen" (Text 14. Jahrhundert), „Ave Maris stella - GL 520, Melodie um 1100 .

Oft wurden auch auf beliebte weltliche Liedmelodien geistliche Texte gesungen. Bekannt und im „Gotteslob" aufgenommen sind: "O Haupt voll Blut und Wunden" (GL 289 - nach Hans Leo Haßlers *1564) "Mein Gemüt ist mir verwirret von einer Jungfrau zart") /"O heilge Seelenspeise" (GL 213 oder mit gleicher Melodie "O Welt ich muss dich lassen" - GL 510) (beide nach: Heinrich Isaak - 1450- 1517 - "Innsbruck, ich muss dich lassen").

> Martin Luther: Lieder in deutscher Sprache im Gottesdienst[56]

Mit der Reformation Martin Luthers (ab 1517) bekam das Kirchenlied eine neue Bedeutung. Luther wollte, dass das Volk in seiner Sprache den Gottesdienst feiert Mit den Kirchenliedern war die Gemeinde beteiligt und sollte so ihren Glauben ausdrücken. „*Martin Luther*, für den Musik zur öffentlichen Gestalt des Evangeliums dazugehört und der alle Kunstmusik als Schöpfungsgabe zu würdigen weiß, erhebt das deutsche Kirchenlied zum festen liturgischen Bestandteil des reformatorischen Gemeindegottesdienstes".[57] Die lateinischen Choräle wurden übersetzt (vor allem das Gloria und das Credo, einige Psalmen), häufig auch mit neuen Melodien versehen. Luther selbst viele Lieder gedichtet. Sie sind heute übrigens auch im katholischen „Gotteslob" zu finden sind

---

[56] siehe auch: S. 20

[57] Böttrich, Christfried, Art. Liturgie / Liturgische Texte im NT, in: Das Wissenschaftliche Bibellexikon im Internet (www.wibilex.de), 2013

(z.B. Vom Himmel hoch (Gl 237), Mitten wir im Leben sind von dem Tod umfangen (GL 503)).

In dieser Zeit bekam auch die Orgel neue Möglichkeiten. Bisher hatte sie die Choralsänger unterstützt. Jetzt begleitete die Orgel nicht nur den Volksgesang, sondern es entstanden auch viele Formen von „Choralvorspielen" und „Choralbearbeitungen". Johann Walter, Kantor und Komponist in Torgau hat viele komponiert. Er gilt als Luthers engster musikalischer Berater. Johann Sebastian Bach hat dann einhundertfünfzig Jahre nach der Reformation viele Choralbearbeitungen für die Orgel komponiert und ein großes Werk hinterlassen.

Übrigens: andere Reformatoren (z.B. Calvin) verbannten in dieser Zeit die Musik weitgehend aus dem Gottesdienst. Das gesprochene Wort Gottes sollte im Mittelpunkt stehen. Die Reformation hatte auch Einfluss auf die musikalische Gestaltung der Messe in der katholischen Kirche.

***

(9) Kirchenlieder aus der Zeit des Dreißigjährigen Krieges
 (1618-1648): Friedrich Spee, Angelus Silesius und Paul Gerhardt

Diese drei Kirchenlieddichter erlebten den blutigen Streit der Konfessionen in Deutschland. Es tobte der Dreißigjährige Krieg mit Toten, Verwundeten und überall großen Zerstörungen, Pest und Hungersnöten. Die Kirchenlieder dieser drei Komponisten spiegeln das Leiden an ihrer Zeit, die Erfahrung des Schreckens – und gleichzeitig ihre vom Glauben getragene Hoffnung auf Gott.

<u>Friedrich Spe (Spee) von Langenfeld</u> (1591–1635), Eintritt in den Jesuitenorden (1610), katholischer Theologe und Kirchenlieddichter. Als „Magister Artium" unterrichtete er an den Ordensschulen des Jesuitenorden in Speyer (1616) und in Mainz (1618–1623). In Mainz brachte er das Studium der Theologie zu Ende – 1622 Priesterweihe. Dann wirkte er an den Universitäten Paderborn (1623–26 und 1630–31), Köln (1627–28 und 1631–33), Trier (1633–35). Bekannt ist sein Kampf gegen den Hexenwahn. In seiner Streitschrift "Cautio Criminalis" kämpfte er als einer der Wenigen seiner Zeit gegen die Hexenprozesse und legte sich auch mit kirchlichen Vorgesetzten an. Als Seelsorger fühlte sich Spee zum Handeln herausgefordert – bis zu seinem Tode bei der Fürsorge für Verwundete und Kranke. Die Güte und Gnade Gottes waren seine großen Themen, besonders auch in seinen Kirchenliedern.[58]

> Lieder von Friedrich Spee im Gotteslob

O Heiland, reiß die Himmel auf / – Zu Bethlehem geboren / – Passionslied O Traurigkeit, o Herzeleid (GL 295) – Osterlieder Die ganze Welt, Herr Jesu Christ (GL 332), Ist das der Leib, Herr Jesu Christ(GL 331), Lasst uns erfreuen herzlich sehr (GL 533)/ Heiligenlieder:- Ihr Freunde Gottes allzugleich (GL 542 / – Unüberwindlich starker Held , St. Michael GL Regionlteil Mainz 924).

<u>Angelus Silesius</u> (lateinisch für Schlesischer Bote/Engel), eigentlich Johannes Scheffler; (1624–1677) war ein deutscher Dichter, Mystiker und Kirchenlieddichter, Theologe und Arzt. Seine Kir-

---

[58] vgl. Theresa Seitz: Kirchenlieder Friedrich Spees von Langenfeld. in:MUSICA SACRA: Nr 1 2021.S. 10 f.)

chenlieder sind von tiefem Glauben geprägt. Zeitlebens war er in den schlimmen Zeiten des Dreißigjährigen Krieges auf der Suche nach Gott und Hoffnung für die Zukunft. Sein bekanntestes Werk trägt den Titel „Cherubinischer Wandersmann".

> Lieder von Angelus Silesius im Gotteslob:

- Mir nach spricht Christus, unser Held (GL 461)/- Morgenstern der finstern Nacht (GL 372)/- Ich will dich lieben meine Stärke (GL 358)

Paul Gerhardt (1607-1667) war ein evangelisch-lutherischer Theologe und einer der bedeutendsten Kirchenlieddichter in Deutschland. Seine Kirchenlieder – geprägt von den schlimmen Wirren und vom Glauben getragenen Hoffnungen – werden bis heute von vielen grenzüberschreitend geschätzt.

> Lieder von Paul Gerhardt im Gotteslob

- Lobet den Herren alle, die ihn ehren (GL 81)/ Nun danket all und bringet Ehr (GL 403) / Nun ruhen alle Wälder, Abendlied (GL 101) / - O Haupt voll Blut und Wunden (GL 289) – von Johann Sebastian Bach in der Matthäus-Passion verwendet / Ich steh an deiner Krippen hier (GL 256) – von Johann Sebastian Bach vertont.

>> *weitere Informationen:*

- Walter Rupp: Friedrich von Spee. Dichter und Kämpfer gegen den Hexenwahn. 3. Aufl. Ostfildern 2011.

- Gerhard Wehr: Angelus Silesius. Der Mystiker. Marix Verlag, Wiesbaden 2011, ISBN 978-3-86539-258-9

***

(10) Nach dem II. Vatikanischen Konzil (1962–1965):

   Neues Geistliches Lied

Lange war der gregorianische Choral der wichtigste Gesang im Gottesdienst. Im 20. Jahrhundert (auch schon vor dem II. Vatikanischen Konzil) entstanden eine ganze Reihe von Deutschen Choralmessen (siehe Station 6). Sie sind bis heute im „Gotteslob" enthalten (z.B. GL 126–129).

In der Zeit nach dem II. Vatikanischen Konzil entstanden neue Kirchenlieder, die anders klangen als gewohnte Kirchengesänge. Bei vielen Gelegenheiten wurden sie gesungen: Evangelische Kirchentage und Katholikentage, im Kloster von Taizé, bei regionalen Bandtreffen, auf Sacropop- und Gospelrock-Festivals, bei Kirchenchortagen, bei Jugendgottesdiensten und in neu entstandenen Konzertkirchen. Diese Lieder fanden schnell ihren Platz in vielen Gemeinden. Hier wurden und werden eigene Liederbücher mit diesen Liedern erstellt. Für diese Lieder wird gern der Begriff „**Neues Geistliches Lied**" verwendet. Was sind die besonderen Merkmale dieser Lieder?

> Eine wichtige Rolle spielen Chöre, Jugendchöre, Musikgruppen – oft aus Gemeinden, Bands und einzelne Liedermacher.

> Der Text des Liedes ist ein „religiöser Text" (Bibeltexte – Beispiel „Selig seid Ihr" (GL 458), von Glaube und Hoffnung getragene Verse – Beispiel: „Wenn das Brot, das wir teilen..." (GL 470), Texte die einen geistlichen Gedanken aufnehmen und vertiefen – Beispiel: „Manchmal feiern wir mitten im Tag ein Fest der Auferstehung" (GL 472)).

> **Melodie und Rhythmus** sind von Popularmusik beeinflusst (Schlager, Spirituals, Jazz, Folklore, Pop, Rock...).

> **Begleitinstrumente**: Diese neuen Lieder werden ganz unterschiedlich begleitet – besonders beliebt sind Gitarre, Querflöte, Klavier, Keyboard, Schlagzeug, oft auch Trompete und Saxophon. (Ich selbst habe 1967 erlebt, dass für einen Gottesdienst für den Diözesanjugendtag der Diözese Limburg bei den vorgesehen Liedbegleitungen vom Bischof das Saxophon gestrichen wurde. Das passiert heute nicht mehr.) Es gibt auch auch die klassische Orgelbegleitung. Das Orgelbuch hält für die ins Gotteslob aufgenommenen Lieder Begleitsätze bereit. – So singen inzwischen singen Gemeinden diese Lieder als „normalen" Gemeindegesang.

Zunächst fanden sich die neuen Lieder nicht im offiziellen Gesangbuch, dem Gotteslob. Im Bistum Mainz wurde z.B. 1997 ein Beiheft zum Gotteslob herausgegeben, in dem neben anderen Liedern (z.B. Liedern aus der Schubertmesse) viele Lieder, die zum „Neuen Geistlichen Lied" gezählt werden, den Gemeinden zugänglich gemacht wurden. Im neuen Gotteslob (2013) wurden dann (eher ältere)„Neue Geistliche Lieder" aufgenommen.

> **Beispiele „Neues Geistliches Lied" im Gotteslob**

Taizé-Gesänge im neuen Gotteslob
Besonders viele dieser Lieder kommen aus Taizé, einer klösterlichen Mönchsgemeinschaft in Südfrankreich. Die Lieder haben in

evangelischen und katholischen Gemeinden gleichermaßen ihren Platz gefunden.

Die meisten der in diesem Kloster im Gottesdienst entstandenen „Taizé-Gesänge" stützen sich auf klassische liturgische Texte (Antiphonen, Kyrie, Gloria, Credo, ...) und wurden von dem französischen Komponisten und Organisten Jacques Berthier (1923 - 1994) komponiert. Surrexit Dominus vere (GL 321)/ Ubi caritas et amor (GL 445)/ Veni Sancte Spiritus (GL 345,2)/ Veni Sancte Spiritus, tui amoris (GL 345,1)/ Alleluja (GL 174,1) Bleibet hier und wachet mit mir (GL 286) / Confitemini Domino (GL 618,2) / Gloria, Gloria (GL 168,1) / In manus tuas Pater (GL 658,1) / Meine Hoffnung und meine Freude (GL 365) / zwei Kyrie (GL 154 und 156) / Laudate Dominum (GL 394) / Laudate omnes gentes (GL 386).

> Ein Pionier des Neuen Geistlichen Liedes ist **Peter Janssens** (1934-1998).

Peter Janssens fand bald seinen eigenen Stil. Er komponierte nach neuen Texten in einem prägnanten unverkennbaren Musikstil: fließende Melodien - Text und Melodie gehen in einander über. Er hat umfangreiche Erfahrungen mit musikalischen Stilen - Kirchentonarten, alte Choräle, Barockmusik, Volksliedgut, Spirituals, Jazz, natürlich auch Chanson, Pop und Rock. Sie alle prägen den eigenen „Sound" seiner Lieder. Von seinen Liedern finden sich im Stammteil des Gotteslobs:

Herr wir bringen in Brot und Wein (GL 184)./ Brot, das die Hoffnung nährt (GL 378) / Deinen Tod, o Herr (GL 201) / Selig seid ihr (GL 458) / Manchmal feiern wir mitten im Tag (GL 472)

> **Lothar Zenetti** (1926–2019) – ein engagierter Textdichter aus Frankfurt

Lothar Zenetti (* in Frankfurt am Main) ist ein Pfarrer und Schriftsteller aus Frankfurt, er war und ist engagiert in der Verbreitung der Ideen des II. Vatikanischen Konzils. In Frankfurt hat er bis zu seinem Ruhestand in der Gemeinde St. Wendel gearbeitet und viele Texte verfasst, die vertont worden sind und in vielen Gemeinden gesungen werden.

> Das Weizenkorn muss sterben (GL 210)/ Segne dieses Kind und hilf uns, ihm zu helfen, (GL490), / Wir sind mitten im Leben, (GL 910) Ich steh vor dir (GL 422)

>> *weitere Informationen:*

- *Wolfgang Bretschneider:*„Das neue Lied": Musik im christlichen Gottesdienst. – https://themen.miz.org/kirchenmusik/musik-im-gottesdienst-bretschneider
- Annelen Ottermann: Lothar Zenetti – eine flüchtige Spurensuche im Evangelischen Gesangbuch, FORUM KIRCHENMUSIK 2019, H. 5, S. 29f. https://www.academia.edu/40993896/Lothar_Zenetti_eine_fl%C3%BCchtige_Spurensuche_im_Evangelischen_Gesangbuch
- Deckert, Peter: Peter Janssens (1934-1998). in: Musica sacra 2021 / 01
- Peter Bubmann, Das „Neue Geistliche Lied" als Ausdrucksmedium religiöser Milieus, in: Zeithistorische Forschungen/Studies in Contemporary History, Online-Ausgabe, 7 (2010), H. 3, URL: https://zeithistorische-forschungen.de/3-2010/4427, DOI: https://doi.org/10.14765/zzf.dok-1682

– RENÉ FRANK: Das Neue Geistliche Lied. Neue Impulse für die Kirchenmusik. Tectum-Verlag. ‚Marburg: 2003

***

(11) Weihnachtslieder OHNE Stall, Krippe und Hirten ...

Wir alle kennen ganz unterschiedliche Weihnachtslieder – sie werden gern gesungen und (leider) immer mehr schon in der Vorweihnachtszeit in vielen Verkaufsräumen in einer „Endlosschleife" benutzt, um (vorweihnachtliche) Einkaufsstimmung zu erzeugen.
In dieser Station geht es um drei Lieder, die nicht die Weihnachtsgeschichte des Lukas im Blick haben. Alle drei haben gemeinsam, dass die traditionellen Bilder der Weihnachtslieder (Stall, Krippe, Feld, Hirten, Engel ...) gar nicht vorkommen. Trotzdem singen sie von der Weihnachtsbotschaft. Sie bringen die Botschaft von der Geburt des Erlösers, der die Menschen aus ihrer Not befreien will: Lieder zum Weihnachtsfest.

1 Das alte gregorianische Weihnachtslied: PUER NATUS EST NOBIS

Ein ganz alter Weihnachtsgesang ist das Eingangslied (Introitus) zum Hochamt am Weihnachtsfest in seiner gregorianischen Form. „Puer natus est nobis ...". (Jesaja 9,6). Hier spielen Krippe, Maria, Josef, Hirten keine Rolle. Der Text konzentriert sich auf die von Hoffnung und Zuversicht getragene Glaubensaussage. Deshalb endet dieses Lied: *„Singt dem Herrn ein neues Lied! Denn er hat Wunderbares getan". „Ein Kind ist uns geboren, ein Sohn ist uns geschenkt. Auf seinen Schultern ruht die Herrschaft; man nennt* *ihn: Bote des großen Rates. Singt dem Herrn ein neues Lied! Denn er hat Wunderbares getan*" (Übersetzung des Textes).

Im alten Gotteslob von 1975 war „Puer natus est" in Bethlehem unter der Nummer 146 in einer deutschen Version enthalten. Im gemeinsamen Diözesananhang der Bistümer der norddeutschen Kirchenprovinz Hamburg ist das Lied unter der Nummer 740 auch in die Ausgabe von 2013 aufgenommen worden.

2 Das älteste uns bekannte deutsche Weihnachtslied:
 „Es kommt ein Schiff geladen"
Der Dominikanermönch Johannes Tauler lebte von 1300 bis 1371 in Straßburg. Er war ein weithin bekannter und von allen gern gehörter Prediger. Um die Menschen zu erreichen, hatte er sich eine sehr bildhafte Sprache angewöhnt. Er hat eines der ältesten uns bekannten Weihnachtslieder geschaffen (Gotteslob Nr. 236). Er verwendet das Bild eines Schiffs, das etwas Neues bringt, auf das viele Menschen warten.
„Es kommt ein Schiff geladen bis an den höchsten Bord, trägt Gottes Sohn voll Gnaden, des Vaters ewig Wort." Die Textfassung übernimmt die Strophen 1-3 von Johannes Tauler.

>> weitere Informationen:
Christa Reich: Es kommt ein Schiff. In: Hansjakob Becker u. a. (Hrsg.): Geistliches Wunderhorn. Große deutsche Kirchenlieder. 2., durchgesehene Auflage. C. H. Beck, München 2003, ISBN 3-406-48094-2, S. 60-68.

3 Ein neues Lied aus dem 20. Jahrhundert:

„Die Nacht ist vorgedrungen"

„Nacht" kling romantisch, kann aber auch bedrohlich und feindlich sein. Für viele erscheint sie dann unendlich lang und traurig schwarz. Der Dichter Jochen Klepper hat sein Leben als eine solche Nacht empfunden. Sein 1937 geschriebenes Lied "Die Nacht ist vorgedrungen" (Gotteslob 220) lässt dies erahnen – er hat es kurz vor Heiligabend geschrieben. Seine Frau war Jüdin und bekam immer mehr Angst vor der drohenden Verfolgung durch Staat und Gesellschaft dieser Zeit. Juden galten als Volksfeinde und sollten alle vernichtet werden. Das Leben des Ehepaars Klepper wurde zunehmend hoffnungslos und die Verzweiflung wuchs beständig.

Jochen Klepper hat trotzdem einen letztlich hoffnungsvollen Text geschrieben. "Die Nacht ist vorgedrungen, der Tag ist nicht mehr fern." – Dies ist nicht seine Erfahrung und erst recht nicht die Erfahrung seiner Frau. Er setzt gegen die eigene Erfahrung das Bild des „aufgehenden Morgensterns", der das Ende der Nacht verkündet und Hoffnung gegen alle Verzweiflung signalisiert. Fünf Jahre nach der Dichtung dieses Liedes, 1942, begingen die beiden gemeinsam Selbstmord.

„Die Nacht ist vorgedrungen, der Tag ist nicht mehr fern.
So sei nun Lob gesungen dem hellen Morgenstern!
Auch wer zur Nacht geweinet, der stimme froh mit ein.
Der Morgenstern bescheinet auch deine Angst und Pein."

***

(12) Choräle zur Passionszeit (J.S. Bach: Matthäuspassion (1727)

Besonders bekannt und heute oft in Konzertsälen und Kirchen aufgeführt ist die „**Matthäuspassion**" von J. S. Bach. Er hat sie als Thomaskantor in Leipzig komponiert und am 11. April 1727 in der Leipziger Thomaskirche erstmals uraufgeführt.

Die Matthäuspassion hat insgesamt 78 unterschiedliche Musikbeiträge (Rezitationen des Bibeltexts der Passion aus dem Matthäusevangelium, Arien, Duette und Chöre). Die Chöre sollten und sollen die Gläubigen über diesen Bibeltext nachdenken lassen und dazu helfen, sich selbst in der biblischen Botschaft wiederzufinden. 14 mal singt der Chor in der Matthäuspassion von J.S. Bach. Die Zuhörer zur Zeit Bachs kannten die Texte und Melodien (aus der Zeit zwischen 1531 und 1656 stammend) und ordneten sie beim Zuhören in die biblische Botschaft für ihren eigenen Glauben ein.

Viele der Choräle aus der Matthäuspassion finden sich heute bei uns im Gotteslob. Wenn wir sie im Gottesdienst singen, können wir vielleicht auch selbst den Bezug zur Passion Jesu ein Stück weit herstellen und mit ihrer Hilfe die Bedeutung der Passion zu unserem Leben dadurch noch besser verstehen.

Choräle aus der Matthäuspassion:

- „O Lamm Gottes unschuldig", Nikolaus Decius (1531) (GL 203)
- „Herzliebster Jesu", Johann Heermann (1630) (Gl 290)
- „O Haupt voll Blut und Wunden", Paul Gerhardt (1656) (GL289)
- „O Mensch, bewein dein Sünde groß", Sebald Heyden (1525) (GL 267)

- „Befiehl du deine Wege", Paul Gerhardt 1653 (GL418)

Nicht im Gotteslob aufgenommene Choräle aus der Matthäuspassion:

- „In dich hab ich gehoffet, Herr", Adam Reusner (1533)
- „Werde munter, mein Gemüte", Johann Rist (1642)
- „Was mein Gott will, das g'scheh allzeit", Markgraf Albrecht von Brandenburg (1547)

***

(13) Gesänge zum Osterfest

Die Texte der drei ausgewählten österlichen Hymnen machen sich die „Auferstehung Jesu Christi" und das neue Leben zum Thema.

- Exsultet

Das „Exultet" wird in der Osternacht vor der neu entzündeten Osterkerze (von Priester, Diakon oder Kantor gesungen). Es wird auch in der Selbständigen Evangelisch-Lutherischen Kirche[59] vom Kantor oder Pfarrer vorgetragen.

Der ursprüngliche Text ist in lateinischer Sprache verfasst. Belegt ist die Praxis des „Lobs auf die Osterkerze" im 4. Jahrhundert (Sie wird von Hieronymus kritisiert, von Augustinus praktiziert).

---

[59] Die selbständige Evangelisch-Lutherische Kirche (SELK) ist eine lutherische Kirche altkonfessioneller Prägung in der Rechtsform einer Körperschaft des öffentlichen Rechts mit Sitz in Hannover. Die Kirche bezeichnet sich selbst als lutherische Bekenntniskirche. SELK-Gemeinden gibt es in ganz Deutschland. https://de.wikipedia.org/wiki/Selbst%C3%A4ndige_Evangelisch-Lutherische_Kirche

Die älteste bis heute erhaltene Textfassung stammt vom Ende des 4. oder Anfang des 5. Jahrhunderts aus Norditalien oder Südgallien. Der Verfasser ist unbekannt; Anklänge an die Theologie des Ambrosius lassen einen Ursprung in Mailand oder dessen Einflusssphäre vermuten.

– Victimae paschali laudes (Ostersequenz)

Eine Sequenz (lateinisch sequentia) wird seit dem Tridentinischen Konzil (1545–1563) in katholischen Gottesdiensten (Victimae paschali laudes (Ostern), Veni Sancte Spiritus (Pfingsten), Lauda Sion Salvatorem (Fronleichnam), Dies irae (Totensequenz im Requiem)), vor der Verlesung des Evangeilums gesungen.

Die Ostersequenz Victimae paschali laudes in lateinischer Sprache wird (Wipo – * vor 1000; † nach 1046 –) zugeschrieben).

Der komplette Text findet sich im Gotteslob (Nr. 320).

– Christ ist erstanden

Seit dem Mittelalter findet sich im Salzburger Raum der der Ostersequenz nachgedichtete deutsche Text "Christ ist erstanden" (Gotteslob, Nr. 318; Evangelisches Gesangbuch, Nr. 99).

Das Osterlied (Osterleise) Christ ist erstanden ist wohl eines der ältesten liturgischen Gesänge in deutscher Sprache. Im Jahre 1160 wird das Lied in einer verbindlichen Liturgieordnung des Erzbistums Salzburg erwähnt (Codex MII6 Universitätsbibliothek Salzburg) – es wurde wohl als Antwortgesang nach der Kreuzerhebung von der Gemeinde gesungen. Es wurde auch bei Osterfestspielen und – mit anderen Texten versehen – auch bei anderen Anlässen gern gesungen.

>> *weitere Informationen:*

- Peter Spichtig op/Gunda Brüske: Osterjubel als poetische Theologie.
https://www.liturgie.ch/liturgieportal/liturgische-zeichen/musik/216-victimae-paschali-laudes-ostersequenz
- Michael Fischer: Christ ist erstanden (2007). In: Populäre und traditionelle Lieder. Historisch-kritisches Liederlexikon des Deutschen Volksliedarchivs
- Guido Fuchs und Hans M. Weikmann: Das Exsultet. Geschichte, Theologie und Gestaltung der österlichen Lichtdanksagung. 2. Auflage. Pustet, Regensburg 2005, ISBN 3-7917-1306-X.

***

(14) Nicht nur zu Pfingsten: Lieder zum Heiligen Geist

Am Pfingstfest steht der „Heilige Geist" im Mittelpunkt der Gottesdienste. Vor dem Evangelium wird der Heilige Geist mit einem besonderen Lied um Beistand angerufen: „Komm Heiliger Geist!" – Das Konzil von Trient (1545 bis 1563) hat für den feierlichen Gottesdienst an drei Feiertagen im Jahr solche „Hymnen" („Sequenzen" genannt) eingeführt – dies gilt bis heute: Ostern (Victime paschachli Laudes – GL 320) , Pfingsten (Veni sancte Spiritus – GL 343), Fronleichnam (Lauda Sion). Hinzu kam das „Dies Irae" in der Totenmesse (Requiem). In vielen Gottesdiensten werden Übersetzungen der lateinischen Hymnen ins Deutsche gesungen.

> **Veni creator Spiritus – Komm, Heil'ger Geist, der Leben schafft**

Dieser Hymnus stammt aus dem 9. Jahrhundert. Er wird dem Theologen und Philosophen Rabanus Maurus zugeschrieben und ist älter als die Pfingstsequenz.

Es wird vermutet, dass der Gesang anlässlich des Aachener Konzils von 809 verfasst worden ist. Im Stundengebet in der Pfingstzeit und bei vielen feierlichen Anlässen (so zum Beispiel im Konklave, das den Papst wählt) wird er ebenso gesungen wie im Gottesdienst am Pfingstfest.

Lat. Text (GL 341)	Heinrich Bone (1847) GL 342	Friedrich Dürr (1972) (GL 351)
Veni, creator Spiritus, mentes tuorum visita: imple superna gratia, quae tu creasti pectora	1. Komm, Schöpfer Geist, kehr bei uns ein, besuch das Herz der Kinder dein: Die deine Macht erschaffen hat, erfülle nun mit deiner Gnad´.	Komm, Heil'ger Geist, der Leben schafft, erfülle uns mit deiner Kraft. Dein Schöpferwort rief uns zum Sein: Nun hauch uns Gottes Odem ein.

Dieser Hymnus ist oft ins Deutsche übersetzt worden, ganz früh von Martin Luther (Komm, Gott Schöpfer, Heiliger Geist). In der Tabelle gibt es zweit weitere Beispiele für die Übersetzung der ersten Strophe aus dem Gotteslob. Johann Wolfgang von Goethe – auch er hat „Veni Creator Spiritus" – übersetzt, sprach davon, dass dieser Pfingsthymnus „kraft- und geistreiche Menschen gewaltiglich anspricht".

> Musikalische Bearbeitungen des Hymnus „Veri creator Spiritus

- Chorwerke

• Die älteste gregorianische Melodie (im achten Kirchenton) ist um das Jahr 1000 aus Kempten überliefert.

• Joseph Renner, Veni Creator Spiritus, Chor 8-stimmig (1900).

• Carl Orff, Veni Creator Spiritus, für zwei Chöre (1953).

• Johann Nepomuk David, Veni Creator Spiritus, Chor (1957).

- Orgelbearbeitungen:

• Hieronymus Praetorius: Veni Creator spiritus

• Samuel Scheidt: Veni Creator spiritus, aus: Tabulatura nova

• Nicolas de Grigny: Veni Creator, aus: Livre d'orgue.

• Johann Gottfried Walther: Komm, Gott, Schöpfer, Heiliger ...

• Peter Planyasky, 5 Versetten

• Johann Sebastian Bach: Choralvorspiel Komm, Gott, Schöpfer, ... BWV 667 (von Arnold Schönberg für Orchester bearbeitet).

> Atme in uns, Heiliger Geist (GL 346)

Eine moderne Fassung im Neuen geistlichen Lied:

Worte von Jean-Marc Morin, übersetzt von Thomas Csanádi und Roger Ibournigg 1985, Musik von Pierre und Viviane Mugnier 1982.

„Das französische Original entstand in der geistlichen Gemeinschaft „Emmanuel", auch Übersetzungen gibt es inzwischen weltweit. Mit der Aufforderung „Komm, du Geist ..." beginnt jede Strophe nach dem Refrain in vertrauter Du-Anrede, geradezu lockend.

Und das setzt sich fort in dreifacher Staffelung, so dass der Ruf „Komm!" wie in einer Litanei insgesamt neun Mal ertönt. „Komm, du Geist, kehr bei uns ein" (Strophe 1) ist das deutlichste Zitat aus dem alten lateinischen Pfingsthymnus in diesem neuen geistlichen Lied. ... Die Melodie der Strophen hingegen ist weiträumig, schwungvoll und drängend. Der auf Wiederholung angelegte Rhythmus wird unterstützt durch die einfachen Harmonien mit nur drei verschiedenen Akkorden. Ein Lied, das die Bitte um den Geist nicht weitläufig zerredet, sondern sie in Wort und Ton vertieft."[60]

>> *weitere Informationen:*
Heinrich Lausberg: Der Hymnus „Veni Creator Spiritus". Westdeutscher Verlag, Opladen 1979, ISBN 3-531-05078-8.

---

[60] Meinrad Walter: Ein inspirierender Gesang für wichtige Ereignisse. https://stludger-selm.de/atme-in-uns-heiliger-geist/

C. ORGEL – Instrument im Gottesdienst

Instrumente gehören nicht unbedingt zum christlichen Gottesdienst. Zu Beginn der christlichen Kirche gab es viel Skepsis der Musik gegenüber. Von Anfang an lässt sich „eine gewisse Musikfeindlichkeit konstatieren. Gesang gehört zwar schon immer zum Gottesdienst der christlichen Gemeinde ... Dennoch gibt es in den ersten christlichen Jahrhunderten eine große Skepsis gegenüber der Musik. Man wollte sich von heidnischen Gebräuchen absetzen. Während heidnische Musik verbunden war mit Instrumentalbegleitung, Tanz und Ekstase, sollte die christliche Musik rein vokal und im Herzen ausgeführt werden. In den orthodoxen Kirchen ist deshalb bis heute keine Instrumentalmusik zugelassen."[61]

Im Blick auf das im NT dokumentierte Gemeindeleben ergibt sich dieses Bild: „Eine andere Frage betrifft die Verwendung von Instrumenten. Im Jerusalemer Tempelkult fanden vor allem Blasinstrumente Verwendung, um durch festgelegte Signaltöne den liturgischen Ablauf zu strukturieren. Für den christlichen Gottesdienst, der im profanen Kontext von Privathäusern stattfand, sind solche Instrumente auszuschließen. Hier war es jedoch gerade bei Gastmählern üblich, musikalische Unterhaltung aufzubieten. Paulus spielt in 1Kor 14,7 auf die "Doppeloboe / Aulos (αὐλός; aulos)", "Leier / Kithara (κιθάρα; kithara)" und "Trompete (σάλπιγξ; salpigx)" an – allerdings nur, um ein Beispiel für die deutliche Wahrnehmung von Tönen zu liefern. Bei Instrumenten geht es dem-

---

[61] Markus Uhl: Was soll in Kirchen erklingen? in: Helmut Hoping, Stephan Wahler, Meinrad Walter (Hg.): GottesKlänge – Religion und Sprache in der Musik. Herder Verlag. Freiburg 2021. ISBN: 978-3-451-38841-5. S.112

nach eindeutig um Musik im Sinne unterscheidbarer Töne. Im Gottesdienst selbst scheinen sie jedoch keine Rolle gespielt zu haben. Der Einzug von Instrumenten in die Liturgie lässt noch wenigstens 700 Jahre auf sich warten."[62]

Heute findet sich in den meisten christlichen Kirchen im im europäischen Raum eine Orgel. Sie gehört fast wie selbstverständlich zu einer Kirche dazu. Allerdings: „Ein liturgischer Gebrauch der Orgel ist erst im hohen und späten Mittelalter nachweisbar. Er bereitete sich in den Klöstern vor, wo die Orgel beim Chorgebet und in der Messfeier im Dialog mit der Schola mit kurzen Einlagen zu Wort kam. Solches 'Alternatim' Spiel war wohl der Ursprung der Orgelmusik überhaupt."[63]

Lange war die Orgel das einzige für den katholischen Gottesdienst „zugelassene Instrument". (Nach Erfindung des Harmoniums war auch dieses als Ersatzinstrument zugelassen. Das Klavier z.B. war dagegen ausdrücklich untersagt.)

Das II. Vatikanische Konzil betont in seiner Liturgiekonstitution – wie schon vorhergehende kirchliche Dokumente – die Bedeutung der Orgel, lässt dann aber anders als vorhergehende kirchliche Dokumente auch andere Instrumente zu.

Mit der Orgel wird schon lange der Gemeindegesang von einem Vorspiel eingeleitet und unterstützt/begleitet. Oft trägt die Orgel auch „Solo" z.B. mit Meditationsmusik zur Gabenbereitung oder

---

[62] Christfried Böttrich: Artikel Liturgie/liturgische Texte im NT. in: Das Wissenschaftliche Bibellexikon im Internet. 2013. https://www.bibelwissenschaft.de/stichwort/51965.

[63] Hans Maier:Die Orgel. Kleine Geschichte eines großen Instruments. München 2016. S. 123

zur Austeilung der Kommunion (sub communione) zur Gottesdienstgestaltung bei. Vor- und Nachspiel (zum Beginn und zum Ende des Gottesdienstes) sind selbstverständlich.[64]

II. Vatikanisches Konzil:

„120. Die Pfeifenorgel soll in der lateinischen Kirche als traditionelles Musikinstrument in hohen Ehren gehalten werden; denn ihr Klang vermag den Glanz der kirchlichen Zeremonien wunderbar zu steigern und die Herzen mächtig zu Gott und zum Himmel emporzuheben. Andere Instrumente aber dürfen nach dem Ermessen und mit Zustimmung der für die einzelnen Gebiete zuständigen Autorität nach Maßgabe der Art. 22. § 2,37 und 40 zur Liturgie zugelassen werden, sofern sie sich für den heiligen Gebrauch eignen oder für ihn geeignet gemacht werden können, der Würde des Gotteshauses angemessen sind und die Erbauung der Gläubigen wirklich fördern."[65]

---

[64] "In den Kirchen der beiden großen westlichen Konfessionen haben sich die Traditionen diesbezüglich weitgehend gefestigt und unterscheiden sich kaum voneinander: Orgelmusik leitet die katholische Messe ebenso wie den evangelischen Gottesdienst ein und schließt sie ab, gelegentlich in besonders feierlicher Form als Ein- bzw. Auszugsmusik, sie bereitet die Lieder der Gemeinde vor und begleitet sie, und sie unterstützt die Gesänge der Liturgie. Gerade hier haben sich in den Konfessionen entsprechend der unterschiedlichen liturgischen Traditionen die Anforderungen ausdifferenziert. Während in katholischen Kirchen ein Schwerpunkt auf der Begleitung der Altargesänge liegt, die Gemeinde aber zumeist nur wenige Liedstrophen singt, haben evangelische Organistinnen und Organisten häufig ganze Lieder (*per omnes versus* – mit allen Strophen) zu begleiten, ... Liturgische Gesänge gibt es dagegen weniger, in der reformierten Tradition überhaupt nicht. Raum für selbstständige Musik im Gottesdienst bleibt – abgesehen von Vor- und Nachspiel – bei der Musik während der Kommunion: Zur Austeilung (*sub communione*) erklingt häufig improvisierte oder komponierte Orgelmusik, mancherorts im Wechsel mit gesungenen Liedern." https://themen.miz.org/kirchenmusik/liturgie-konzertsaal-orgel-schneider

>> weitere Informationen:

(siehe auch: HInweise auf weiterführende Literatur -Thema Orgel)

– Matthias Schneider: Zwischen Liturgie und Konzertsaal – Die Orgel https://themen.miz.org/kirchenmusik/liturgie-konzertsaal-orgel-schneider

– Kulturgeschichte eines monumentalen Instruments – KARL-HEINZ GÖTTERT. Kassel: Bärenreiter, 2017

> ausgewählte Stationen

Dieses Kapitel geht davon aus, dass es gerade zur Orgelmusik im Gottesdienst viel allgemein zugängliche Literatur gibt (vgl. auch „Hinweise auf weiterführende Literatur). In den folgenden Stationen werden ausgewählte Aspekte zur Orgelmusik angesprochen, die sonst eher weniger zur Sprache kommen (u.a. die Ausbildung von Landorganisten, die Arbeit von Domorganisten, nicht so bekannte Komponisten (C.H.Rinck), Sammlungen von Musik für Orgel oder Harmonium in einfachen Verhältnissen aus Frankreich).

(15) Kompositionen für die Orgel im Gottesdienst aus dem evangelischen Schullehrerseminar und dem Predigerseminar in Friedberg – ein Stück Geschichte aus „500 Jahren Reformation"

Diese Station zur Ausbildung von Lehrerorganisten steht exemplarisch für die Ausbildung von Organisten nach der Reformation der Volksschullehrerausbildung 1822 in Preußen. Das Modell war

---

[65] https://www.vatican.va/archive/hist_councils/ii_vatican_council/documents/vat-ii_const_19631204_sacrosanctum-concilium_ge.html

deutschlandweit verbreitet und wurde sowohl für protestantische als auch für katholische Volksschullehrer in die Praxis umgesetzt.[66]

1837 wurde das Predigerseminar Friedberg gegründet. Es gehörte zu den ersten Predigerseminaren in Deutschland. Zunächst war es im „Kavaliersbau" der Burg untergebracht. In den 1840er Jahren wurde dann auf dem früheren Reitplatz der Burggrafen ein Neubau errichtet, 1848 eingeweiht. Heute steht es unter Denkmalschutz und wird als Zentrum Seelsorge und Beratung (ZSB) der Evangelischen Kirche in Hessen und Nassau genutzt. Das Predigerseminar wurde in Friedberg eingerichtet, weil dort in der Burg bereits seit 1817 ein evangelisches Lehrerseminar existierte. Die Professoren des Lehrerseminars unterrichteten auch die Kandidaten des Predigerseminars in nicht-theologischen Fächern wie „Kirchenmusik". So entwickelte sich in Friedberg eine Tradition der Ausbildung von Organisten. Denn viele Lehrer waren an ihren Dienstorten gleichzeitig auch Organist der Ortskirche. Sie verdienten sich damit ein „Zubrot". Das in einem Lied verspottete „Arme Dorfschulmeisterlein", das um seinen Lebensunterhalt eigentlich immer kämpfte, war Realität.

Einige Zeilen aus einer Fassung des Liedes aus Schwaben, die auch das Leben von Dorfschulmeistern im Großherzogtum Hessen widerspiegelt:

---

[66] mehr: Martin Geisz: Kompositionen für den Gottesdienst für Landorganisten für Orgel und Harmonium von 1850 bis 1950. Berlin 2019

Das arme Dorfschulmeisterlein.

Da wohnt in einem Häuslein klein
Das arme Dorfschulmeisterlein. ...

Bei einem kargen Stückchen Brot,
Umringt von Sorgen, Müh und Not,
Soll es dem Staate nützlich sein,
Das arme Dorfschulmeisterlein. ...

Am Sonntag ist es Organist,
Am Montag gräbt es Hühnermist,

Oft macht's der Pfarrer ihm zu bunt
Und läßt ihm keine Ruhestund'
Was will's, es muß gehoram sein,
Das alte Dorfschulmeisterlein. ...

Diese Landorganisten trugen auch viel zum musikalischen Leben in den Gemeinden bei, übrigens auch als Chorleiter. Ihre Professoren und auch sie selbst haben viel Kirchenmusik komponiert. Sie haben vor allem für die Gestaltung des Sonntagsgottesdienstes Stücke im Stil ihrer Zeit geschrieben. Verlage haben sie veröffentlicht. Einige dieser Kompositionen sind in Friedberg entstanden und heute noch verfügbar.

Peter Müller (1791–1871) in Kesselstadt bei Hanau geboren, war Lehrer in Gladenbach und Gießen und dann Musiklehrer am Lehrerseminar in Friedberg. Er hinterließ viele Kompositionen, u.a. auch eine Oper („Claudine von Villa Bella" – nach einem Text von

Goethe). Für die Orgel ist eine Komposition im Jahr 1822 im Lehrerseminar in Friedberg entstanden und im Großherzogtum Hessen oft genutzt worden.

- Zwischenspiele zu Rinck's Choralbuch (1822) (im Internet www.imslp.org)

Karl Thurn (1808-1891) geboren in Darmstadt, war 1839-1875 Musiklehrer am Schullehrerseminar Friedberg und dann auch am Predigerseminar Friedberg. 1869 wurde er zum Professor ernannt. Er war schriftstellerisch tätig und komponierte Orgelstücke für den Gottesdienst. Zwei Kompositionen von ihm sind heute noch verfügbar.

- 7 Orgelstücke zum Gebrauch beim öffentlichen Gottesdienste - von Karl Thurn. Großherzogl. - Hessischem Hofkapell-Musikmeister. Frankfurt a.M. bei G.H. Hedler.
- Sammlung leichter mehrstimmiger Zwischenspiele zu dem Großherzoglich Hessischen Choralbuche von Rinck. Herausgegeben von Karl Thurn, Seminarlehrer zu Friedberg. Friedberg in der Wetterau, bei C. Bindernagel. 1840.

Carl August Kern, (1836-1897)

wurde in Bobenhausen II bei Ulrichstein (Hessen) geboren. Ab 1852 studierte er im Schullehrerseminar Friedberg, dort war er Schüler von Karl Thurn. Nach Beendigung seiner Ausbildung war er als Lehrer und Organist an verschiedenen Orten tätig. 1879-1897 wirkte er in Laubach.

Zu seinen Lebzeiten war er auch als Komponist sehr bekannt.

- Vor- und Nachspielsammlung "Orgelschatz" op. 55 oder das "Orgelmagazin" in insgesamt sechs Bänden (neu aufgelegt vom Dohr-Verlag)
- „Zwölf Vor- und Nachspiele für die Orgel" op. 46. Diese Komposition enthält die Widmung „Seiner Durchlaucht, dem regierenden Grafen Friedrich von Solms und Laubach unterthänigst zugeeignet". (im Internet www.imslp.org).

Friedrich Philipp Link (1841-1887) stammt aus Obernhain (Nassau). Er besuchte von 1857 bis 1860 das Lehrerseminar in Usingen und war dann Lehrer in Rüdesheim und in Friedrichsdorf/Ts. Zunächst in Wettingen in der Schweiz begann seine Karriere an Lehrerseminaren. Im Juli 1875 wurde er als „erster Musiklehrer" an das Großherzogliche Schullehrerseminar nach Friedberg berufen. Damit wurde er Nachfolger von Karl Thurn. Ein Jahr später wurde er dann auch mit dem kirchenmusikalischen Unterricht am Großherzoglichen Priesterseminar in Friedberg beauftragt.

- 3 Fugen für die Orgel op. 14 (Verlag Lenz-Musik).
- 12 Präludien op. 16 (Verlag Lenz-Musik).

>> *weitere Informationen:*
Martin Geisz: Kompositionen für den Gottesdienst für Landorganisten und Harmonium von 1850-1950. Berlin 2019. S. 15-26

***

(16) DOMORGANISTEN KOMPONIEREN FÜR GEMEINDEN –

Joseph Renner jun. als Beispiel aus dem 20.Jahrhundert –
... 2014 das neue „Orgelbuch der Domorganisten"
Jedes Bistum hat besonders an seinen Domkirchen besondere Stellen für Organisten geschaffen. So gibt es im Bistum Mainz Domorganisten . am Mainzer Dom und am Dom zu Worms. Diese Stellen erhalten Musiker, die sich durch hohe Qualifikationen auszeichnen, oft sind sie Virtuosen mit besonderer Begabung für Improvisationen (musizieren ohne Notenvorlage). Darüber hinaus komponieren viele Domorganisten auch Orgelmusik für die Gestaltung der Gemeindegottesdienste in den Diözesen.
In diesem Beitrag soll es um Kompositionen von Domorganisten für Gottesdienste in den Gemeinden der Bistümer in Deutschland gehen.

... ein Beispiel aus der Geschichte der deutschen Domorganisten:
Joseph Renner – vor 150 Jahren geboren
Heute fast in Vergessenheit geraten ist der Regensburger Domorganist Joseph Renner jun. (1868–1934)[67]. Als Sohn des gleichnamigen Regensburger Musiklehrers, Kirchenmusikers und Chorleiters studierte er in seiner Heimatstadt Kirchenmusik und nahm ein weiteres Musikstudium an der Königlichen Musikschule in

---

[67] Werner Huber: Leben und Werk des Regensburger Domorganisten und Komponisten Joseph Renner jun. (1868–1934): ein Beitrag zum süddeutschen Spät-Cäcilianismus. Tutzing 1991, ISBN 978-3-7952-0669-7.

München auf. Hier war auch Josef Rheinberger, ein bedeutender Komponist von Orgelwerken und gottesdienstlicher Musik einer seiner Lehrer. 1893 wurde Joseph Renner jun. zum Domorganisten am Regensburger Dom ernannt.

Als Domorganist wirkte Joseph Renner jun. außerdem als Orgelsachverständiger und Dozent für Kirchenmusik, seit 1914 als Professor.

Er wurde von seinen Zeitgenossen als Organist und Komponist sehr geschätzt. Seine kirchenmusikalischen Werke, besonders die Orgelkompositionen, waren auch in ganz Deutschland verbreitet. Dabei hat er nicht nur an die großen Kirchen mit ihren großen Orgeln gedacht, sondern auch an die kleinen Gemeinden, in denen es oft nur ein Harmonium zur Begleitung des Gemeindegottesdienstes gab.

„Man muß etwas Neues schreiben; man kann nicht schreiben, was andere schon geschrieben haben," entgegnete Renner einmal einem seiner zahlreichen Kritiker und formulierte damit wohl seinen persönlichen Wahlspruch."[68]

Joseph Renner jun. entwickelte seinen Kompositionsstil auf der Grundlage der Musik Joseph Rheinbergers und der „Münchner Schule" der zeitgenössischen Komponisten. Wie bei seinem Lehrer stand die Orgel im Mittelpunkt. Mit einer gekonnten kontrapunktischen Arbeit im Sinne der klassischen Regeln und Tradition (z.B. Johann Sebastian Bachs) verbindet er die ganz eigene romantisch geprägte Musik vor allem auch mit einer chromatischen (nicht an

---

[68] http://maelzels-magazin.de/2000/4_07_renner.html (Aufruf:25.4.2021)

die klassischen Regeln gebundene) Harmonik, die heute zwar etwas ungewohnt klingt, aber immer noch fasziniert.

J. Renner jun. hat Messen, Chorwerke und viele Stücke für Orgel und Harmonium in Gottesdienst, aber auch für den Konzertgebrauch komponiert. Alle sind von seiner Tätigkeit als Domorganist geprägt.

Beispiele:

- Zwölf Präludien für Orgel oder Harmonium. op.67
- Fünf   Präludien für Orgel oder Harmonium. op.41
- Zwölf Trios für Orgel op. 39

Neben seiner Arbeit als Organist, Pädagoge und Komponist widmete sich Renner jun. als Musikschriftsteller auch der Diskussion der theoretischen Seiten der Musik. Besonders bekannt wurde er dadurch, dass er sich in kontroversen Diskussionen seiner Zeit sehr für seinen Lehrer Joseph Rheinberger eingesetzt hat, der zu seinen Lebzeiten auch umstritten war. Er gab fünf Messen von Rheinberger heraus und besprach diese im Musikalischen Jahrbuch 1909. Er war ein allseits geschätzter, aber durchaus auch mit Kritik betrachteter Komponist, der die deutsche Spätromantik vor allem in der Orgelmusik mitgeprägt hat. Renommierte Künstler wie Max Reger und Karl Straube haben das Schaffen Renners schon zu seinen Lebzeiten sehr gewürdigt. Seine Werke waren lange Zeit vergessen, werden aber wieder häufiger aufgeführt.

... heute

Viele Domorganisten in Deutschland, Österreich und der Schweiz haben sich zusammengetan und 2014 das „Orgelbuch der Domorganisten" zum neuen Gotteslob herausgegeben – ganz in der Tradition auch von J. Renner jun. Sie schreiben im Vorwort: Dieses Orgelbuch wendet sich an alle Organisten, „die Interesse an der Kunst des liturgischen Orgelspiels haben. Es soll auch den nebenamtlichen Organisten Gelegenheit zur Abwechslung von der tagtäglichen verwendeten Vorlage geben ... ."

>> *weitere Informationen:*

Werner Huber: Leben und Werk des Regensburger Domorganisten und Komponisten Joseph Renner Jun (1868-1934): ein Beitrag zum süddeutschen Spät-Cäcilianismus. Tutzing 1991, ISBN 978-3-7952-0669-7.

***

(17) Frauen komponieren Orgelmusik für den Gottesdienst

Cécile Louise Stéphanie Chaminade (1857-1944)
war eine französische Komponistin. Ihre Kompositionen waren in Frankreich sehr beliebt. Sie schrieb hauptsächlich Charakterstücke für Klavier und Salonlieder. 1882 wurde ihre einaktige komische Oper La Sévillane op. 10 uraufgeführt. Auf Konzertreisen durch Frankreich, die Schweiz, Belgien, Holland und England machten sie in Europa bekannt. In England war sie sehr populär, Queen Victoria lud sie ein, einige Zeit in Windsor Castle zu verbringen.

- 1928:La Nef sacrée Recueil de Piècespour orgue ou harmonium, Op. 171 (La Nef sacrée Recueil = das heilige Gewölbe)

Dies ist ein Werk mit Kompositionen für Gottesdienste. Stücke aus diesem Werk wurden von vielen Organisten – nicht nur in Frankreich gern im Gottesdienst gespielt.

Es enthält Stücke zur Gabenbereitung (Offertorium), Pastoral, Musik für Trauergottesdienste und zur Feier von Hochzeiten.

Außerdem hat sie eine Messe komponiert.

- 1927:Messe pour deux voix égales, Op. 167 (Messe für Sopran, Alt und Orgel)

Clara Josephine Schumann, geb. Wieck (1819 –1926)

war eine deutsche Pianistin, Komponistin, Klavierprofessorin und Editorin. Ab 1840 war sie mit Robert Schumann verheiratet.

Ähnlich wie ihr Ehemann Robert Schumann (op.56/58/60) hat sie Werke für Klavier komponiert, die auch auf der Orgel ausführbar sind: Sie komponierte „Drei Präludien und Fugen" (op. 16) zeitgleich mit den „Sechs Fugen über den Namen BACH" (op 60) ihres Mannes Robert Schumann. Nach Clara Schumanns Tod gab es kaum noch Interesse an ihren Kompositionen. Sie galt als große Pianistin und Vermittlerin der Kompositionen Robert Schumanns.

Seit den 1960er Jahren wurde sie als Komponistin wiederentdeckt. Seitdem wurden nach und nach nahezu alle überlieferten Kompositionen Clara Schumanns in modernen Noten-Editionen und Drucken vorhanden und werden von Musikwissenschaftlern geschätzt und diskutiert.

Margreeth Chr. de Jong (* 1961)

M. de Jong wurde 2014 mit dem Titel "Stadtorganist von Middelburg" ausgezeichnet. Damit wurde in der Haupstadt der niederländischen Provinz Zeeland nach zwei Jahrhunderten eine alte Tradition wieder aufgegriffen. Margreeth Chr. de Jong ist die erste Frau in der Geschichte dieser altehrwürdigen Middelburger Tradition.

Neben ihrer Tätigkeit als Konzertorganistin, Kirchenmusikerin und Dozentin wird sie immer mehr als Komponistin von Kirchenmusik bekannt. Dazu gehören Psalm- und Choralbearbeitungen für Orgel und oder Chor, sowie mehrere Kompositionen für Sopran und Orgel.

- 120 Intonationen (Dr. J. Butz Musikverlag,2013) Opus: 53, 120 Intonationen zu ö-Liedern aus GL und EG
- Sieben Orgelstücke im romantischen Stil (Dr. J. Butz Musikverlag, 2014) Opus: 59
- Zwölf Meditationen (Dr. J. Butz Musikverlag, 2015) Opus: 67
- Präludium, Choralpartita und Fuge über "Jesu, meine Freude" (Dr. J. Butz Musikverlag, 2015) Opus: 63

>> *weitere Informationen:*

- Irmgard Knechtges-Obrecht: Clara Schumann: ein Leben für die Musik. wbg Theiss. (WBG), Darmstadt 2019, ISBN 978-3-8062-3850-1.
- Rebecca Berg: Artikel „Cécile Chaminade". In: MUGI. Musikvermittlung und Genderforschung: Lexikon und multimediale Präsentationen, hg. von Beatrix Borchard und Nina Noeske, Hochschule für Musik und Theater Hamburg, 2003ff. Stand vom 24. April 2018

***

(18) Christian Heinrich Rinck (1770 — 1846)

ein Komponist aus Hessen mit europaweiter Wirkung

Genauso wie Beethoven wäre Christian Heinrich Rinck 2020   250 Jahre alt geworden. Als Organist – vor allem als Ausbilder von Organisten auch in unserer Region und Orgelsachverständiger war er hoch angesehen. Besonders bekannt geworden ist er auch als Komponist. Seine Werke fanden europaweite Verbreitung und werden bis heute immer noch (vor allem in Gottesdiensten) gespielt.

> Lebenslauf in Kürze:

– 1770 geboren, 1786–1789; Schüler Johann Christian Kittels, der bei bei J.S. Bach studiert hatte) in Erfurt, 1790 Stadtorganist in Gießen, seit 1805 in Darmstadt, dort   Kantor und Organist der Stadtkirche, später Hoforganist und Kammermusiker von Großherzog Ludwig I. Er lehrte am großherzoglichen Pädagogium in Darmstadt. Zu seinem Arbeitsfeld gehörte besonders auch die Organistenausbildung.

> Werke:

– Kleine und leichte Orgelstücke op. 1. Berliner Chormusik-Verlag/ Edition Musica Rinata
– Zwölf kurze und leichte Orgelstücke op. 2. Edition Musica Rinata
– Practische Orgelschule, op.55
Diese „Practische Orgelschule" wurde auch in England und Frankreich genutzt (Übersetzungen).

- Choralbuch für das Großherzogtum Hessen (Rinck, Christian Heinrich)
Darmstadt: Verlag der Großherzogl. Hessischen Invaliden- und Soldaten-Waisen Anstalt, 1814.
Offenbach a/M: printed by Johann André, 1814.
- 40 Kleine, leichte und vermischte Orgelpräludien, op.37 (Rinck, Christian Heinrich). Vierzig kleine, leichte und vermischte Orgelpräludien mit und ohne Pedal zu spielen, zum Gebrauch beim öffentlichen Gottesdienste von Ch. H. Rinck. a/M: Johann André, n.d. (ca.1820).

Rinck schreibt selbst in der „Vorerinnerung" dieser Ausgabe: „Schon öfters wurde ich, besonders von angehenden Orgelspielern und Schulkandidaten ersucht, eine Sammlung kurzer, leichter und vermischter Orgelpräludien mit und ohne Pedal zu spielen, herauszugeben. Zu diesem Zweck sind diese 40 leichte Orgelstücke niedergeschrieben und enthalten sämmtliche Tonarten, worinnen die Choräle der neuen Hessen-Darm-städtischen Choralbuchs gesetzt sind."
- Sammlung von Vor- und Nachspielen, op. 129 (Rinck, Christian Heinrich)Darmstadt: Johann Philipp Diehl, 1843.
Rincks Stücke finden sich in den meisten der im Lauf des 19. und 20. Jahrhundert erschienen Notensammlungen für Organisten.

>> *weitere Informationen:*
- Weber, Fabian: Ein Bestsellerautor im Schatten Beethovens. in MUSICA SACRA 1/2020

- Rinck-Gesellschaft: Biographie, Werke, Weitere Informationen
http://www.rinck-gesellschaft.de/content/rinck-und-seine-musik
- Birger Petersen: Orgelmusik von J.Ch.Heinrich Rinck. Eine auswahl für Messe, Andacht und Konzert. MUSICA SACRA 2/2021

***

(19) Pour orgue ou harmonium" (für Orgel oder Harmonium)

Komponisten und Organisten wie César Franck (1822-1890), Hector Berlioz (1803-1869), Camille Saint-Saëns (1835-1921): Théodore Dubois (1837-1924), Aléxandre Guilmant (1837-1911) oder Louis Vierne (1870-1937) haben große sinfonische Orgelmusik geschrieben. Sie hatten als Organisten an großen Kirchen große Orgeln zur Verfügung - Orgeln, die gerade in dieser Zeit in Frankreich neue Standards setzten - Cavaillé-Coll ist nur einer der großen Orgelbauer (der übrigens auch kleine Instrumente gebaut hat).

Die großen Kompositionen haben eine weite Verbreitung gefunden, sind viel diskutiert und heute selbstverständlich Bestandteil von Konzertprogrammen. Hier wurden neue Formen („Orgelsinfonie", „Choral" - z.B. von César Franck neu interpretiert, ...) entwickelt, Orgelmusik in neuem Gewand präsentiert. Dies verlangt vom Organisten ein hohes Maß an Virtuosität an großen Orgeln.

Nicht so bekannt ist, dass viele dieser Komponisten auch für kleine Instrumente komponiert haben und auch hier wertvolle Orgelmusik (und Harmoniummusik) geschaffen haben. Im Blick hatten sie dabei die Kirchen in der Provinz, in kleinen Städten und Landgemeinden mit ihren Musikern. In den Kirchen gab es einfache – in der Regel einmanualige – Orgeln (oft ohne Pedal). Viele Kirchen leisteten sich zu dieser Zeit ein neues Instrument, das Harmonium (Alexandre Debain hatte 1842 dafür das Patent erhalten und eine umfangreiche Produktion dieser Instrumente gestartet). In den Kirchen gab es Bedarf an Stücken für den vom gregorianischen Choral geprägten Gottesdienst . Natürlich hatten auch Verlage Interesse, sie sahen gute Verkaufschancen für diese Sammlungen.

Die Sammlungen präsentieren kurze, zusätzlich aber auch längere Stücke für Gottesdienste („Messe" und „Vesper") in der Tradition des gregorianischen Chorals und der damaligen Praxis des Einsatzes der Orgel. [69] Die Titel der einzelnen Stücke dieser Sammlungen machen auch das deutlich. Gigout – einer der Komponisten – konkretisiert im Vorwort seiner Sammlung: „Ich glaube die Aufgabe des Organisten zu erleichtern, wenn ich eine neue Sammlung von kurzen Gregorianischen Stücke veröffentliche. ... Diese 230 Stücke können allen Teilen des Offiziums dienen und entsprechen der Stimmung unserer religiösen Feste – ernst oder jubelnd, traurig oder fröhlich."[70]

---

[69] vgl. Hermann J. Busch: Zur französischen Orgelmusik des 19. und 20. Jahrhundert. Ein Handbuch. Dr. J. Butz Musikverlag Bonn. 2011 S. 16 f „Funktionen und Gattungen"
[70] zitiert nach Busch, Zur französischen ... S. 148

Ausführliche Liste „Für Orgel oder Harmonium"

Liste der Komponisten und Kompositionen[71]

mit kurzen Annotationen

(geordnet nach Geburtsjahr des Komponisten)

Hector Berlioz (1803-1869):

- Trois pièces pour orgue ou harmonium, Berlioz verabscheute «Ländliche Serenade an die Madonna» / «Hymne pour l'élévation» / «Toccata» c

Janibelli kommentiert: „Charakter der Stücke: sehr unterschiedliche aber insgesamt anspruchslose und gefällige Stücke, die eine unbekannte Seite des Komponisten der «Symphonie phantastique» offenbaren.[72]

Louis-James-Alfred Lefébure-Wély (1817-1869):

Lefébure-Wélys war erster Organist an der Kirche Saint-Sulpice in Paris (100-registrigen Cavaillé-Coll-Orgel). Er hat (aber) auch viele Kompositionen für Harmonium und für Orgel ohne Pedal, vorgelegt.

„Die Stücke sind sicher in erster Linie für das Harmonium bestimmt, tragen jedoch allesamt auch Bezeichnungen für die Orgel-

---

[71] Hinweis: Einzelne Kompositionen werden von Janibelli in einem Aufsatz vorgestellt und kommentiert:

- Emanuele Jannibelli: Pour orgue ou harmonium: Leichte französische Orgelmusik im 19./20. Jahrhundert(Musik und Gottesdienst, Heft 1/06, S. 26-28) http://www.bartfloete.de/shared/061_jannibelli-1.pdf

[72] vgl. Janibelli S. 13

91

registrierung. Ein Gegenstück zu „L'Organiste moderne", hier für bescheidene instrumentale und organistische Verhältnisse gedacht"[73] – so die Einordnung von H. J. Busch in seinem Handbuch.

– L'office catholique op 148 («L'office catholique» enthält 120 Stücke, aufgeteilt in zehn „**Livraisons**.")

Verset; Communion; Marche; Benedictus; Fanfare, Sortie; Fanfare, re, Sortie, Preludes; Intradas; Postludes; Offertorie; Élévation ou Communion, Communion ou Bénédiction, Verset ou Offertoire ...
Die Stückebezeichnungen (Élévation ou Communion, Communion ou Bénédiction, Verset ou Offertoire) deuten darauf hin, dass hier nicht mehr ganz ausschließlich auf die liturgischen Vorgaben geachtet wird und dass der instrumental-musikalische Aspekt in den Vordergrund gerückt wird – denn die Messteile sind eigentlich nicht austauschbar.

César Franck (1822-1890):

– L'organiste, Bd. I

1890 – nach einem Unfall – hatte C. Franck unter anderem einen Kompositionsauftrag des Verlages „Enoch" für leichte Orgelstücke. (Hier erschien dann auch die erste Fassung mit dem Vermerk „pour orgue-harmonium").

Er komponierte 59 Stücke nach Tonarten geordnet chromatisch aufsteigend von C aus, (immer in Dur und Moll) – Jeweils 7 Stücke. Sechs kurze Stücke, abschließend ein langes Stück („Offertoire", „Sortie") das die Themen der vorangegangenen Tonartstü-

---

[73] H.-J. Busch, Zur französischen... S. 245

cke aufgreift „Die kurzen Stücke sind um Alternatim-Versetten zu den Schola-Versen des Magnificat. Deshalb die lapidare Kürze."[74]

- L' organiste, Bd. II (ist für Orgel konzipiert1 und wurde bei der Neuherausgabe durch Tournemire für „Orgel oder Harmonium" veröffentlicht. „Die Untersuchung der Werke Francks hat gezeigt, dass ... die pièces posthumes (=L-organiste volume 2) nur für die Orgel bestimmt sind."[75]

Hier finden sich viele Bearbeitungen von regionalen Volks- und Weihnachtsliedmelodien (air béarnais, noël angevin, chant de la Creuse usw.).

Alexandre Bruneau (1823-1899))
Organiste de la Métropole de Bourges
Collection de 130 Versets ... pour Orgue Harmonium op. 239
- 130 Versetten zum Magnificat

Camille Saint-Saëns (1835-1921):
- Neuf pièces pour Orgue ou Harmonium (Jugendwerke von C S-S)
I, Marche-Cortège II, Interlude fugué Offertoire -VI, Procession - Elevation -Offertorie (Sarabande) - Ave verum - Offertoire - Elevation

Die Orientierung am Messgottesdienst ist in dieser Sammlung - die erst später zusammengestellt wurde, vorhanden. In die Samm-

---

[74] vgl. Janibelli S. 13
[75] Quelle: Joris Verdin: César Franks „L'Organiste". in: Peter Jost: Cesar Franck. Werk und Rezeption. Franz Steiner Verlag, 2004 . S.159-173. S. 173

lung sind zusätzlich ein Marche-Cortége, Interlude fugué und das Ave verum aufgenommen.

Théodore Dubois (1837-1924):
- 42 pièces pour orgue sans pédale ou harmonium
Die Stücke unterschiedlicher Länge tragen die üblichen auf Gottesdienst bezogenen Titel. Es gibt aber keinen direkten Bezug auf gregorianische Vorgaben
- 2 pieces -
1. Petite pastorale champenoise 2. Prélude pour Grand Orgue ou harmonium)
- 10 Dix pièces pour orgue ou harmonium
Inhalt: Entrée g-Moll / Entrée en forme de Carillon F-Dur / Offertoire h-Moll / Offertoire E-Dur / Élévation D-Dur / Élévation h-Dur / Communion Ges-Dur / Communion G-Dur / Sortie D-Dur / Sortie A-Dur.
Außer dem Bezug auf die Messteile gibt es keinen direkten Bezug auf gregorianische Vorgaben

Aléxandre Guilmant (1837-1911):
- L'organiste liturgiste op. 65,
In der Tradition des gregorianischen Propriums. Stücke zu Sonn- und Festtagen das ganze Jahr über. Er komponiert mit Blick auf die für die Festtage vorgegebenen liturgischen gregorianischen Gesänge - setzt also nicht nur auf die in den großen Sammlungen vorgelegten Standardstücke (...Offertoire, Communion, Elevation).

Janibelli : „Es erstaunt, welche Bandbreite der Formen der Komponist im op. 65 den unschuldigen gregorianischen Weisen abgewinnt. Die Stücke tragen Bezeichnungen wie Fugue (Sortie) sur l'antienne «Lumen ad revelationem gentium»; Ave Maria, Offertoire pour la fête de l'annonciation; Strophe, Interlude et Amen sur l'hymne «Exsultet orbis gaudiis»; Variations et Fugue sur le chant du Stabat mater, Marche religieuse (Offertoire) sur l'hymne «Iste confessor»; Elévation ou Communion dans le style de J. S. Bach (!). Obwohl es sich also fast durchwegs um Bearbeitungen gregorianischer Cantus firmi handelt, sind die Stücke trotzdem unabhängig von diesen und somit überall zu verwenden. Zum einen sind die meisten Melodien heute kaum mehr bekannt, zum anderen verwendet Guilmant sie in einer rhythmisierten, stark dem lutherischen Choral angeglichenen Form (!), wodurch sie häufig auch von Kennern nicht identifiziert werden können. Man wird auf Tournemire warten müssen, um eine freiere, dem Geist der Gregorianik besser entsprechende Art der Verarbeitung anzutreffen."[76]

Eugène Gigout (1844-1925):
- Album Grégorien (Gigout, Eugène)
- Pièces pour orgue ou harmonium (1895)
Gigue schreibt im Vorwort: „Ich glaube die Aufgabe des Organisten zu erleichtern, wenn ich eine neue Sammlung von kurzen Gregorianischen Stücke veröffentliche. ... Diese 230 Stücke können

---

[76] Janibelli S. 19

allen Teilen des Offiziums dienen und entsprechen der Stimmung unserer religiösen Feste – ernst oder jubelnd, traurig oder fröhlich."[77]

Ernest Chausson (1855–1899):
-Fünf Stücke aus "La Légende de Sainte Cécile" für Orgel oder Harmonium („Die Legende von St. Cäcilia", Bühnenmusik für Solostimmen,Frauenstimmen und kleines Orchester op. 22)
Für Orgel manualiter oder Harmonium eingerichtet von René Vierne (1878–1918)
– *Prière – Sortie douce – Offertoire – Entrée Grave – Prélude funèbre* (Die Titel weisen darauf hin, dass an die Verwendung im Gottesdienst gedacht worden ist.)

Leon Böellmann (1862–1897):
– Heures mystiques, op. 29 3 Recueil dePièces pour orgue ou harmonium
– *Je fünf Stücke zum Eingang, Offertoire, Elevation, Communio und Nachspiel in unterschiedlichen Tonarten*
„*Mit Franck's L'Organiste gehört die Sammlung zu den wertvollsten Beispielen liturgischer Musik dieses Stils für einfache Verhältnisse, für Harmonium oder Orgel mit Pedal ad libitum notiert. Sie kann heute noch im Gottesdienst oder zu Vorstudien zur großen symphonischen Orgelmusik gute Dienste tun.*"[78]

---

[77] Zitiert nach H.-J. Busch, Zur französischen ... S. 148
[78] H.-J. Busch, Zur französischen ... S. 61

Louis Vierne (1870-1937)[79]:

- 24 pièces en style libre,
- Messe Basse op. 30 *(1912)*

Bis zum 2. Vatikanischen Konzil war die „Messe Basse" eine in vielen Gemeinden praktizierte Form. H.J. Busch zitiert eine Beschreibung von Gatson Litaize: „... Der Priester kam aus der Sakristei, der Organist spielte auf der Orgel ein Einzugsstück, das bis zur Verlesung des Evanfgeliums dauerte, dann folgte die Predigt, der Organist spielte dabei ,bis niemand mehr in der Kirche war."[80]

Vierne bietet in Messe Basse op. 30 6 Teile:

1. Teil: Entrée - 2. Teil: Introit - 3. Teil: Offertoire - 4. Teil: Elévation. Teil: Communion - 6. Teil: Sortie

- Messe basse pour les défunts op. 62 (1934)

Prélude / Introit / Offertoire / Élévation / Communion/ Défilé

- Communion für Orgel, op. 8 (1900)

Charles Tournemire (1870-1939)

- Petites fleurs musicales op. 66 - für Orgel manualiter oder Harmonium

Jeweils ein Prélude à l'Introit, Offertoire, Elévation, Communion und Pièce terminale zu folgenden Festen: Immaculata Conceptio B. Mariae Virginis / Nativitas D.N. Jesu Christi / Epiphania Domini / In Festo Pentecostes/ In Festo Corporis Christi/ In Assumptione B.M.V Festum Omnium Sanctorum

---

[79] mehr zu Vierne: Emanuele Jannibelli: Im Halbschatten. *Vierne und Langlais als Komponisten leichter Orgelmusik Musik und Gottesdienst 06/07*
[80] H.J. Busch, Zur französischen ... S.17

- Postludes libres für Orgel (manualiter) oder Harmonium pour des antiennes de Magnificat op.68

In diesem Werk sind jeweils auf einer Notenseite kurze Nachspiele für das Magnificat für die Feste während des Kirchenjahres gesammelt.

-Variae preces, Op.21

„Mit dieser Sammlung reiht sich T. In die Tradition der Zyklen liturgischer Musik für Harmonium oder Orgel ein, wie sie zahlreiche französische Organisten dieser Epoche veröffentlichten, darunter auch C.F. (L'Organiste"). Allerdings ist bei T. Der spieltechnische Anspruch oft höher als in solchen Sammlungen üblich." [81]

>> weitere Informationen:

Martin Geisz: Musik im Gottesdienst "POUR ORGUE OU HARMO-NIUM". Berlin 2016. ISBN 978-3741807145

***

---

[81] H.-J.Busch, Zur französischen ... S. 316

D. Oratorium, Messe, sinfonische Musik –
Instrumentalmusik für Gottesdienst und Konzert

In diesem Teil geht es um musikalische Formen, die in einem ganz direkten Bezug zu Gottesdiensten (und Liturgie) stehen und zunehmend eher auch in profanen Konzerten aufgeführt wurden und werden. Diese Kompositionen bieten oft die Vertonung von Texten aus Gottesdiensten (z.B. Ordinarium der Messe), Bibeltexte und Meditationstexte zu Glaubensinhalten. Diese „Geistliche Musik" hat heute darüber hinaus oft einen Platz außerhalb der Gottesdienste.

Kirchen und Religionsgemeinschaften haben selbst Möglichkeiten gefunden und geschaffen, in denen ursprünglich für den Gottesdienst geschaffene Kompositionen außerhalb von Gottesdiensten aufgeführt werden (musikalische Vespern, Meditationsstunden, Kirchenchorkonzerte, Orgelkonzerte ...).[82]

Diese Kompositionen finden ihren Platz auch im laufenden „profanen" Konzertbetrieb, besonders auch in ganz unterschiedlich geprägten Festivals[83], die in der Regel eine besondere Thematik haben, oft auch auf Kirchen als Konzertraum setzen. Michael Gassmann formuliert: „Viele Meisterwerke der Musikgeschichte entstanden für die Aufführung im kirchlichen Raum und wurden unmittelbar in die Gestaltung des Gottesdiensts einbezogen. Mit

---

[82] Eine Statistik der Evangelischen Kirche in Deutschland listet für das Jahr 2017 – nur für ihren Wirkungsbereich – rund 87.590 kirchenmusikalische Veranstaltungen mit etwa 7,7 Millionen Besuchern.

[83] mehr: Michael Gassmann: Geistliche Musik im Konzert.
https://themen.miz.org/kirchenmusik/geistliche-musik-konzert-gassmann

dem Aufkommen der bürgerlichen Konzertkultur fanden kirchen-musikalische Werke Eingang in den Konzertsaal und sind heute fester Bestandteil auch des außerkirchlichen Repertoires. Zudem haben sich um sie herum zahlreiche Spezialfestivals etabliert, von denen neue Impulse für die Darbietung geistlicher Musik ausge-hen."[84] Im Folgenden werden die „Formen" Messen, Oratorien, Pas-sionen, Kantaten und Vespern herausgegriffen und kurz vorge-stellt.

> Messen

„Messe (Missa)" steht auch für „Musik zur Messfeier". „Messe" ist so auch eine „Gattung" von musikalischen Kompositionen. Zu-grunde liegen die Texte der immer gleich bleibenden Teile des „Ordinariums" (Kyrie, Gloria, Credo, Sanctus, Benedictus und Ag-nus Dei). Bisweilen wurden auch veränderlichen Teile – „Prop-rium" – (z.B. Introitus, Graduale, Offertorium ...) vertont.

Es gibt eine lange Geschichte von „Messvertonungen", die bis zum 18. Jahrhundert in der Regel Gottesdiensten eine große „Feierlich-keit" verliehen (einige Beispiele: Palestrina – Missa papae Marcel-li, Orlando di Lasso, Messen von Hans Leo Haßler und Jacobus Gal-lus (z.B. Missa super Transeunte Domino).

Ab dem 17. Jahrhundert wurde zunehmend die „eigenständige" In-strumentalbegleitung ausgeweitet und Solostimmen bekamen im-mer mehr Bedeutung.

Diese Konzertmessen hatten nicht mehr den „wirklichen" Gottes-dienst im Blick. Sie waren wegen ihrer Dauer und den verlangten

---

[84] Michael Gassmann: Geistliche Musik im Konzert.
https://themen.miz.org/kirchenmusik/geistliche-musik-konzert-gassmann

Bedingungen (große Orchester, ausgezeichnete Vokalsolisten) für den Gottesdienst eher weniger geeignet. Dagegen steht nicht, dass Komponisten immer wieder Aufträge zu Messkompositionen für ein konkretes Ereignis erhielten – u.a.: Johann Sebastian Bach (h-Moll-Messe), Heinrich Ignaz Franz Biber (Missa Salisburgensis), Joseph Haydn (z.B. Missa in angustiis), Wolfgang Amadeus Mozart (Große Messe in c-Moll), Ludwig van Beethoven (Missa solemnis), Franz Schubert, Gioacchino Rossini (Petite Messe solennelle), Anton Bruckner, Franz Liszt, ... Bis in die Gegenwart entstehen weiterhin Neukompositionen.
(siehe auch: Station 23: Beethoven)

Das **Requiem** (Messe für Verstorbene) ist eine Sonderform, die auch von vielen Komponisten aufgegriffen worden ist.[85]

> Oratorium
Diese musikalische Form ist im 16. Jahrhundert in Italien entstanden. Im Wort findet sich *ital. "oratorio" = "Betsaal"* Es gab dort ab ca. 1575 kirchenrechtlich nicht festgelegte Versammlungen, bei denen gebetet, vorgelesen und gesungen wurde („Oratorianerandachten"). „Oratorium" wurde in der Barockzeit der religiös geprägte „Gegenentwurf zur dramatischen Oper. Zum Oratorium gehören: Soloparts für Sänger und Orchester, Gesangssolisten (biblische Erzähler), Chor (der oft kommentiert). Anders als in der Oper

---

[85] mehr: Alphabetisches Verzeichnis von über 2000 Komponisten des Requiem: http://www.requiemsurvey.org/

wird auf der Bühne nicht „gespielt" und gehandelt. Auf szenische Darstellung wird verzichtet. [86] [87]

(siehe auch: Stationen 3 (Hallelujah aus dem Oratorium „Der Messias" von Händel), 21 und 23)

> Passionen

In der Christenheit ist lange Tradition, die Geschichte vom Leiden und Sterben Jesu – „die Passion" – in der Fastenzeit in den Gemeinden vorzutragen. Schon seit dem Mittelalter wurde dieser Vortrag oft mit Sängern, Chören und Musikinstrumenten gestaltet. Es gab verteilte Rollen – Evangelist, Erzähler,: Einzelpersonen (Jesus, Petrus, Pilatus etc.), Volk, Gruppen. Die musikalische Gestaltung und Aufführung ist schon seit dem 9. Jahrhundert belegt. „Seit etwa 1500 finden sich erste mehrstimmige Vertonungen, zunächst in Form der mehrstimmig durchkomponierten motettischen Passion. Diese Form wird abgelöst von der responsorialen Passion, bei der der Evangelist immer solistisch, die Soliloquenten 1-3stg. und die Turbae immer chorisch ausgeführt werden... . Die oratorische Passion des 17./18. Jahrhunderts schließlich baut kontemplative Choräle, Rezitative und Arien in das Passionsgeschehen mit ein (Höhe-

---

[86] Diese Definition orientiert sich an: Stichwort „Oratorium" in https://magazin.klassik.com/lexikon/details.cfm?DID=1705&RecordID=1&letter=O

[87] „Das Oratorium erreichte als Kirchenmusikgattung bei J. S. Bach ("Weihnachtsoratorium") und Händel ("Der Messias") vorläufige Höhepunkte seiner Entwicklung, bevor es weltliche Züge annahm (Haydn, "Die Jahreszeiten"). Im 19. Jahrhundert mit gewichtigen Beiträgen wieder stärker an seine geistlichen Ursprünge angenähert (Mendelssohn, Franck). https://magazin.klassik.com/lexikon/details.cfm?DID=1705&RecordID=1&letter=O

punkt der Gattung sind die Passionen von Bach). Die Passionsoratorien des 18./19. Jahrhunderts vertonen keinen Bibeltext, sondern einen frei gedichteten, das Leidensgeschehen betrachtenden Text (Graun: Der Tod Jesu, 1756)."[88] „Passionen" werden bis in die Gegenwart komponiert und setzen ganz eigene Akzente (z. B. Krzysztof Penderecki: Lukas-Passion (1966)[89].

(siehe auch: Station 12)

– Kantaten

Kantaten wurden seit Anfang des 17. Jahrhunderts komponiert. (Kirchenkantaten, weltliche Kantaten). Besonders in den Kirchen der Reformation waren Kantatengottesdienste eine feste Einrichtung (für die z.B. J.S. Bach ein großes Repertoire komponiert hat). Kantaten (Solokantaten, Chorkantaten und Mischformen) haben mehrere Sätze für Gesangsstimmen und Instrumentalbegleitung. Sie enthält Rezitative, Arien, Ariosi, Chorsätze, Choräle und instrumentale Vor- und Zwischenspiele Mischformen nach der Besetzung. Geistliche Kantaten haben meist Bibeltexte oder ein Kirchenlied als Grundlage (Choralkantate).

(siehe auch: Station 23)

---

[88] http://www.klassik-heute.de/4daction/www_infothek_lexikon_einzeln/238#

[89] Karl-Josef Müller: Schriftenreihe zur Musikpädagogik: Informationen zu Pendereckis Lukas-Passion, Verlag Moritz Diesterweg, Frankfurt am Main 1973, ISBN 3-425-03748-X

– Vespern

Vesper[90] ist der Name des Abendgebets in der katholischen Kirche mit Gebeten, Psalmen und Hymnen.

Aufbau der Vesper im römischen Stundenbuch
Eröffnung/ Hymnus/ zwei Psalmen, ein neutestamentliches Canticum mit Antiphonen/ Schriftlesung (Kapitel)/ Responsorium/Magnificat[91] mit Antiphon/ Fürbitten mit Vater unser/ Oration/Segen

(Viele Komponisten haben „Vespern" komponiert. Musikalische Vertonungen folgen in der Regel der alten Ordnung, so dass eine komplette Vespervertonung meist fünf Psalmen aufweist.)

– Claudio Monteverdi (Marienvesper oder Vespro della Beata Vergine),
– Wolfgang Amadeus Mozart (Vesperae solennes de Confessore),
– Anton Bruckner und Sergei Rachmaninoff. Antonio Vivaldi,

>> *weitere Informationen:*
– Michael Gassmann: Geistliche Musik im Konzert.

https://themen.miz.org/kirchenmusik/geistliche-musik-konzert-gassmann

– Werner Oehlmann (Autor), Alexander Wagner (Autor):Reclams Chormusik- und Oratorienführer.Reclam. Stuttgart 2004. ISBN: 978-3150105504

---

[90] Mehr: Allgemeine Einführung in das Stundengebet http://www.liturgie.de/liturgie/pub/litbch/aes.pdf
[91] Viele Komponisten haben das „Magnificat" vertont. Auch diese Vertonungen werden sind im „profanen Bereich" Bestandteil von Konzerten.

> Ausgewählte Stationen

(20) Geistliche Kantaten[92] im lutherischen Gottesdienst (Barockzeit)

Kantaten wurden für die Gottesdienste zu bestimmten Sonn- und Feiertagen komponiert, der in den Texten aufgegriffene jeweilige religiöse Schwerpunkt wurde aufgenommen und besonders musikalisch „aufbereitet".

„Die Kirchenkantate hat ihren Platz im sonn- und festtäglichen Hauptgottesdienst, dem 'Amt', nach der Verlesung des Evangeliums und vor dem Gesang des Luther'schen Glaubensliedes 'Wir glauben all an einen Gott'. War die Kantate zweiteilig, so wurde der zweite Teil nach Beendigung der Predigt oder zur Austeilung des Abendmahls musiziert." [93]

In einer Kantate wird Wort Gottes durch Musik verkündet. Deshalb ist der Textbezug so wichtig. Bibeltexte, Paraphrasen über diese, freie zeitgenössische Dichtung und Choräle sind die „textlichen Grundlagen" der Kantaten.

Kantaten (Solokantaten, Chorkantaten und Mischformen) haben mehrere Sätze für Gesangsstimmen und Instrumentalbegleitung (Instrumentalvorspiel, Eingangschor, Rezitative, Arien, Ariosi und gegebenenfalls auch Chöre, Schlusschoral). Die berühmtesten Kantaten-Komponisten von solchen Kantaten arbeiteten (vorwiegend, aber nicht ausschließlich) für den kirchlichen Gebrauch:

---

[92] Cantata (cantare = singen; Singgedicht, Singstück)
[93] Alfred Dürr: Die Kantaten von Johann Sebastian Bach. Kassel usw. 1971, S. 36f./zitiert nach https://de.wikipedia.org/wiki/Kantate (Aufruf 16.3.2021)

– Dieterich Buxtehude, (über 100 Kantaten und Geistliche Konzerte[94]),

– Johann Sebastian Bach (ca. 200 Kantaten[95], darunter das Weihnachts-Oratorium von Johann Sebastian Bach, ein Zyklus von mehreren Kantaten),

– Georg Philipp Telemann (Neben etwa 1.750 Kirchenkantaten schrieb Telemann auch Kammerkantaten .sowie Kantaten im so genannten „theatralischen Stil“). [96, 97]

Die barocken Kirchenkantaten sind bis heute beliebt. Oft werden sie in sonn- und feiertägliche Gottesdienste einbezogen, oft werden sie auch in („profanen“) Konzerten aufgeführt.

>> *weitere Informationen:*

– Entwicklung der Kantate im Überblick

https://www.lernhelfer.de/schuelerlexikon/musik/artikel/entwicklung-der-kantate-im-ueberblick

– Website Internationale Buxtehude- Gesellschaft

http://www.dieterich-buxtehude.org/

– Hans-Joachim Schulze: Die Bach-Kantaten. Einführungen zu sämtlichen Kantaten Johann Sebastian Bachs. (Edition Bach-Archiv

---

[94] https://de.wikipedia.org/wiki/Dieterich_Buxtehude#Werke

[95] Liste der Bachkantaten: https://de.wikipedia.org/wiki/Liste_der_Bachkanta ten. Hier gibt es auch eine Übersicht zu den verwendeten Instrumenten

[96] https://de.wikipedia.org/wiki/Kantaten_(Telemann)

[97] „Mit TELEMANNs Anstellung als Kirchenmusikdirektor an den fünf Hauptkirchen in Hamburg begann 1721 seine produktivste Zeit, da er verpflichtet war, für jeden Sonntag zwei Kantaten sowie jährlich eine Passion zu liefern. Hinzu kamen Festmusiken für vielfältige städtische Anlässe sowie eine jährliche 'Kapitänsmusik', die jeweils aus einem Oratorium und einer weltlichen Serenata bestand." https://www.lernhelfer.de/schuelerlexikon/musik/artikel/georg-philipp-telemann

Leipzig). Evangelische Verlags-Anstalt, Leipzig; Carus-Verlag, Stuttgart 2006, ISBN 3-374-02390-8 (Evang. Verl.-Anst.), ISBN 3-89948-073-2 (Carus-Verl.)

– Texte sämtlicher Vokalwerke Bachs https://webdocs.cs.ualberta. ca/~wfb/bach.html – https://de.wikipedia.org/wiki/Bachkantate (umfassende Website mit vielen weiteren Links)

***

(21) Weihnachtsoratorien

Es gibt eine lange Tradition, in der die Geschichte von der Geburt Jesu für den Gottesdienst von Komponisten musikalisch gestaltet (Solosänger und Solosänger, Chor, Instrumente) und in der Weihnachtszeit in in Gottesdiensten aufgeführt wurde. Diese Kompositionen wurden und werden bis heute (wie auch die Passionen) von vielen geschätzt. Die Komponisten orientieren sich an biblischen Texten und arbeiten mit ihren eigenen musikalischen Formen und Möglichkeiten. Der Gottesdienstbezug – die Verkündigung der Geschichten von Weihnachten – geht bei den heute meist üblichen Konzertaufführungen leider allerdings immer mehr verloren. Sie gehören heute für viele ganz einfach zum Konzertrepertoire.

I

Die *„Historia der Geburt Christi"* hat Heinrich Schütz vermutlich 1660 erstmals in Dresden aufgeführt. Diese Weihnachtsgeschichte nach Lukas und Matthäus wurde als Evangelium im Gottesdienst vorgetragen.

II

Am bekanntesten ist heute das *„Weihnachtsoratorium"* von Johann Sebastian Bach. Die (ursprünglich) sechs einzelnen Teile (Kantaten) wurden 1734 erstmals vom Thomanerchor in Leipzig in den sechs Gottesdiensten zwischen dem ersten Weihnachtsfeiertag 1734 und dem Epiphaniasfest 1735 in der Nikolaikirche und der Thomaskirche in Leipzig präsentiert. Bis heute werden die sechs Teile in der Advents- und Weihnachtszeit ganz oder einzeln aufgeführt.

III

Franz Liszt hat zwischen 1862 und 1866 ein großes Oratorium geschrieben: *„Christus"*. In diesem Oratorium geht es nicht nicht um eine Vertonung von Jesu Lebens- und Leidensweg wie in den Oratorien Bachs. Er wollte christliche Werte wie Liebe und Frieden in jedem einzelnen Menschen „wecken". Das große Oratorium hat drei Hauptabschnitte: *Weihnachten – Epiphanias – Passion und Auferstehung*

Weihnachten

Nr. 1 – Einleitung: Rorate coeli (zitiert die Gregorianische Melodie)
- Nr. 2 – Pastorale und Verkündigung des Engels
- Nr. 3 – Stabat mater speciosa
- Nr. 4 – Hirtenspiel an der Krippe
- Nr. 5 – Marsch der heiligen drei Könige

IV

weitere Weihnachtsoratorien

- Hector Berlioz: L'enfance du Christ, 1853–1854
- Camille Saint-Saëns: Oratorio de Noël, 1858
- Joseph Gabriel Rheinberger: Der Stern von Bethlehem op. 164, Weihnachtskantate, ca. 1867
- Hugo Distler: Die Weihnachtsgeschichte op. 10, 1933
- Ernst Pepping, Die Weihnachtsgeschichte des Lukas, 1959

***

(22) PASTORALE – Musik (auch) zur Weihnachtszeit

„Pastoralen" sind Musik von Hirten (Hirte auf lateinisch: pastor).
Die weihnachtliche Pastorale gab es zunächst als Musik der Pifferari, italienischer Hirten, die besonders zur Weihnachtszeit in Rom musizierten. „Der italienische Dirigent Nicolo Pasquali, der Mitte des 18. Jahrhunderts in England wirkte, erklärte im Zusammenhang mit der Pastorale von Arcangelo Corellis Weihnachtskonzert: „...zu Weihnachten hätte jede Familie in Italien eine Krippe mit dem Jesuskind, und an diesem Freudentag gingen die Burschen und Hirten mit ihren Dudelsäcken von Haus zu Haus, stellten sich dem Kind vor und spielten dazu lustige Hirtenweisen".
„Pastoralen" erklingen auch in vielen anderen Teilen Europas zur Weihnachtszeit. Sie stehen in einem Dreiertakt (z.B. 12/8-Takt) und in Dur – Tonarten. Sie haben ein eher ruhig-mäßiges Tempo, dazu meist einen recht heiteren Charakter.

... Instrumente

„Pastoralen" werden oft mit den typischen Hirteninstrumenten wie Schalmeien, Oben und auch Blockflöten gespielt und natürlich auf der Orgel (die diese Instrumente als Orgelregister haben - z.B. Flötenregister („Waldflöte", „Terzflöte" „Bassflöte" und als Zungenregister „OBOE" und „Dulcian" und „Fagott" ...).

Instrumentalmusik

- Georg Friedrich Händel: Pifa (12. Satz) im Oratorium Messias (1742)
- Arcangelo Corelli: berühmtestes Pastorale war und ist der Schlusssatz (in G-Dur) Concerto grosso Op. 6 Nr. 8 in g-Moll mit dem Untertitel fatto per la notte di Natale („gemacht für die Weihnachtsnacht"), veröffentlicht 1714 in Amsterdam.
- J. S. Bach: Die instrumentale Einleitung zum 2. Teil des Weihnachtsoratoriums BWV 248 mit einer lieblichen Instrumentation aus Traversflöten, Oboen damore und Tenoroboen ist eine Pastorale. Dieser Satz leitet das Geschehen um die Hirten in der Nacht der Geburt Christi ein.
- Ludwig van Beethoven: 6. Sinfonie, die auf ländlich-idyllische Motive anspielt und deshalb auch Pastorale genannt wird. (Im Gegensatz zur traditionellen Pastorale des Barocks ging es Beethoven dabei vor allem um die musikalische Schilderung eines poetisch-romantischen Naturerlebnisses)

Orgelwerke

- Girolamo Frescobaldi: Capriccio Pastorale in G aus der 3. Edition seines ersten Toccatenbuches von 1637.
- Bernardo Pasquini: Introduzione et Pastorale in G-Dur (in 3/4)
- Domenico Zipoli: dreisätzige Pastorale in C-Dur (op. 1, Rom 1716)
- Johann Sebastian Bach: Pastorale (oder Pastorella) in F-Dur BWV 590- Vor allem der erste Satz entspricht der Pastorale im engeren Sinne
- Max Reger: Pastorale in den 12 Orgelstücken op. 59
- Sigfrid Karg-Elert: Pastorale für Violine und Orgel von(op. 48b, zweiter Satz).

***

(22a) Choräle zur Passionszeit (J.S. Bach: Matthäuspassion)
siehe Station 12 (Gesänge für die Liturgie)

***

(23) Jubiläumsjahr 2020 – Beethoven

2020 jährt sich zum 250. Mal Ludwig van Beethovens Geburtstag. Ludwig van Beethovens Lebenswerk wird zum Jubiläumsjahr vielfältig gewürdigt. Es gibt Konzerte, Ausstellungen und natürlich auch viele Veröffentlichungen. Der besondere Charakter seines musikalischen Schaffens wird hervorgehoben. Ein Hymnus aus seiner neunten Sinfonie ist zur „Europahymne" geworden: „Freude schöner Götterfunken, Tochter aus Elysium ..." (Gedicht Friedrich Schillers).

Beethovens „Geistliche Musik"

Hat Beethoven „Geistliche Musik" für Gottesdienste komponiert? (Bei seinen Zeitgenossen wie Hadyn oder Mozart war „Geistliche Musik" eine Selbstverständlichkeit).

Es gibt nur sehr wenige geistliche Kompositionen Beethovens, der übrigens als Jugendlicher in seiner Heimatstadt auch in Gottesdiensten Orgel spielte (im Beethovenhaus in Bonn ist dies bis heute eindrucksvoll dokumentiert).

>> Oratorium

Weniger bekannt ist das Oratorium „Christus am Ölberge" (op. 85) In Wien 1803 uraufgeführt, jedoch erst 1811 veröffentlicht. Das Libretto stammt vom Wiener Literaten Franz Xaver Huber.

Im Stil seiner Zeit (und anders als z.B. Johann Sebastian Bach in seinen Passionen) „inszeniert" Beethoven den Beginn der Passion mit Formen der Oper seiner Zeit.

Die Ölbergszene ist im Neuen Testament mehrfach genannt (Mt 26,36-56; Mk 14,32-52 und Lk 22,39-53). Die Hauptpersonen sind die Jünger Petrus, Johannes und Jakobus und ein Engel, der Jesus in seiner Angst stärkt (Lukas 22, 43).

Aufbau des Oratoriums:

1a. Jehova, du mein Vater!

1b. Meine Seele ist erschüttert

2. Erzittre, Erde, Jehova's Sohn liegt hier!

a. Preist des Erlösers Güte

b. O Heil euch, ihr Erlösten

3. Verkündet, Seraph, mir dein Mund Erbarmen

a. So ruhe denn mit ganzer Schwere

4. Willkommen, Tod

a. Wir haben ihn gesehen

5. Die mich zu fangen ausgezogen sind

a. Hier ist er, der Verbannte

6. Nicht ungestraft soll der Verweg'nen Schar

a. In meinen Adern wühlen gerechter Zorn und Wut

b. Welten singen Dank und Ehre ('Hallelujah')

c. Preiset ihn, ihr Engelchöre

>> Messen

Beethoven hat zwei Messen komponiert, besonders bekannt ist die **Missa solemnis** (op. 123)[98] entstanden in den Jahren 1819-23. Anlass für die Komposition war die Inthronisation des Erzherzogs Rudolph von Österreich zum Erzbischof von Olmütz. Dieser Schüler und Freund Beethovens. Er unterstützte Beetvoven auch finanziell.

Dazu kommt die **Messe C-Dur (op 86)** aus dem Jahr 1807. Diese Messe war Ergebnis eines Auftrags des Fürsten Nikolaus II. Eszterházy zum Namenstag seiner Frau.

---

[98] vgl. Jan Assmann: Kult und Kunst Beethovens. Missa Solemnis als Gottesdienst. 2020. 272 S., mit 50 Notenbeispielen. ISBN 978-3-406-75558-3

> Kompositionen für Orgel von Beethoven?

Der Kölner Domorganist Winfried Bönig hat in einem Interview auf die Frage „Das Beethoven-Jahr steht vor der Tür. Was bedeutet das für Sie und ihre Arbeit im Dom?" geantwortet:

„Es wird bei den Orgelkonzerten sicher Musik von Beethoven geben. Er wird zum größten Teil in Bearbeitungen gespielt werden, weil Beethoven den Organisten eben leider keine Kompositionen hinterlassen hat. Das ist bei Bach ganz anders, der viel mehr Kirchenmusik und Orgelwerke geschrieben hat. Beethoven kann man auf andere Art in die Konzerte einbeziehen, etwas auch, indem Musik seiner Zeit erklingt oder Improvisationen über Themen von ihm gespielt werden."[99]

>> weitere Informationen:

Jan Assmann Kult und Kunst Beethovens Missa Solemnis als Gottesdienst. 2020. 272 S., mit 50 Notenbeispielen. ISBN 978-3-406-75558-3

***

---

[99] https://www.katholisch.de/artikel/22725-winfried-boenig-beethoven-wusste-genau-wie-kirchenmusik-funktioniert

Hinweise auf weiterführende Literatur

- Rainer Bayreuther: Was ist religiöse Musik? Wissenschaftlicher Verlag Dr. Michael P. Bachmann. Badenweiler 2010
- Winfried Böning und Wolfgang Bretscneider (Hg.): Musik im Raum der Kirche. Fragen und Perspektiven. Ein ökumenisches Handbuch zur Kirchenmusik. Stuttgart 2007
- Wolfgang Bretschneider: „Das neue Lied": Musik im christlichen Gottesdienst. – https://themen.miz.org/kirchenmusik/musik-im-gottesdienst-bretschneider
- Albert Gerhards (Hg.): Kirchenmusik im 20. Jahrhundert. Erbe und Auftrag. Lit. Münster 2005 (= Ästhetik – Theologie – Liturgik, Bd. 31)
- Anselm Grün: Meine Musik-Rituale. Wie Musik uns verwandelt. Bärenreiter Verlag. Kassel 2021. ISBN 978-376182600-3
- Helmut Hoping, Stephan Wahler, Meinrad Walter (Hg.): Gottes-Klänge – Religion und Sprache in der Musik. Herder Verlag. Freiburg 2021. ISBN: 978-3-451-38841-5
- Christoph Krummacher: Musik als praxis pietatis. Zum Selbstverständnis evangelischer Kirchenmusik. Vandenhoeck & Ruprecht. Göttingen 1994
- Hans Küng: Musik und Religion. Mozart-Wagner-Bruckner. München 2007.
- Brita Martini und Stefan Nusser (Hg.): Festschrift für Christoph Krummacher zum 65. Geburtstag. Strube-Verlag. München 2014
- KMD Bernhard Reich, Landeskirchenmusikdirektor: Die Bedeutung der Musik für den Glauben, den Gottesdienst ...

https://www.kirchenmusik.elk-wue.de/fileadmin/mediapool/ein
richtungen/E_amtfuerkirchenmusik/Artikel/BezSynode_Gaildorf
2011-03-24.pdf

- Meinrad Walter: Musik in der Kirche. - https://www.meinrad-
walter.de/publikationen/2018/miz-Musik-in-der-Kirche2018.pdf

- Hans-Gerd Wirtz u.a. (Hg.): Liturgie und Musik. Deutsches Liturgisches Institut. Trier 2005

>> Handbücher/Grundlegendes

- Matthias Schneider u.a. (Hg.): Enzyklopädie der Kirchenmusik.
Laaber 2011ff. (7 Bde.)

- Wolfgang Hochstein und C. Krummacher (Hg.): Geschichte der
Kirchenmusik. Laaber 2011ff. (4 Bde.) (= Enzyklopädieder Kirchenmusik, Bd. 1)

- A. Gerhards und M. Schneider (Hg.): Der Gottesdienst und seine
Musik. Laaber 2011ff. (2 Bde.) (= Enzyklopädie der Kirchenmusik,
Bd. 4)

- Günther Massenkeil und Michael Zywietz (Hg.): Lexikon der Kirchenmusik. Laaber 2011ff. (2 Bde.) (= Enzyklopädie der Kirchenmusik, Bd. 6)

- Elisabeth Schmierer: Chronik der Kirchenmusik. Laaber 2018
(2 Bde.) (= Enzyklopädie der Kirchenmusik, Bd. 7)

- Walter Oppp (Hg): Handbuch Kirchenmusik. Kassel: Mersebur-
ger, 1999ff. (3 Bde.)

- Deutsches Liturgisches Institut - https://dli.institute/wp/start
seite-institut/

- Internetseiten: https://themen.miz.org/kirchenmusik

>> Vatikanum II

- *SACROSANCTUM CONCILIUM*

KONSTITUTION ÜBER DIE HEILIGE LITURGIE

https://www.vatican.va/archive/hist_councils/ii_vatican_council/documents/vat-ii_const_19631204_sacrosanctum-concilium_ge.html

- Adolf Adam, Winfried Haunerland: Grundriss Liturgie. Herder, 10. Auflage. Freiburg 2014, ISBN 978-3-451-31483-4.

- Thomas Schumacher: Kirchenmusik als integraler Bestandteil der Liturgie? Zum Status 40 Jahre nach Beginn des Zweiten Vatikanischen Konzils

https://www.yumpu.com/de/document/view/20741304/kirchen musik-als-integraler-bestandteil-der-liturgie-institut-zur-

>> Thema Orgel

- Hermann J. Busch: Zur französischen Orgelmusik des 19. und 20. Jahrhundert. Ein Handbuch. Verlag Butz. Bonn. 2011

- Hermann J. Busch/Michael Heinemann (Hg.): Zur deutschen Orgelmusik des 19. und 20. Jahrhundert. Ein Handbuch.Verlag Butz. Bonn 2006

- Hermann J. Busch und Matthias Geuting (Hg.): Lexikon der Orgel. Orgelbau – Orgelspiel – Komponisten und ihre Werke – Interpreten. Laaber 2011

- Martin Geisz: Kulturerbe Harmonium. Instrument für Hausmusik, Kirchenmusik, Konzert und Salonmusik. Ein Stück Musik- und Kulturgeschichte des 19. und 20. Jahrhunderts. Wissenschaftlicher Verlag. Berlin 2016

- Martin Geisz: Kompositionen für den Gottesdienst für Landorganisten für Orgel und Harmonium von 1850 bis 1950. Wissenschaftlicher Verlag. Berlin 2019

- Karl Heinz Göttert: Kulturgeschichte eines monumentalen Instruments. Bärenreiter. Kassel 2017

- Emanuele Jannibelli: Pour orgue ou harmonium: Leichte französische Orgelmusik im 19./20. Jahrhundert (Musik und Gottesdienst, Heft 1/06, S. 26-28) – http://www.bartfloete.de/shared/061_jannibelli-1.pdf

- Hans Maier: Die Orgel. Kleine Geschichte eines großen Instruments. C. H. Beck. München 2016

-Irmgard Knechtges-Obrecht: Clara Schumann – ein Leben für die Musik. wbg Theiss in Wissenschaftliche Buchgesellschaft (WBG). Darmstadt 2019. ISBN 978-3-8062-3850-1

- Rebecca Berg: Artikel „Cécile Chaminade". In: MUGI. Musikvermittlung und Genderforschung: Lexikon und multimediale Präsentationen, hg. von Beatrix Borchard und Nina Noeske, Hochschule für Musik und Theater Hamburg, 2003ff. Stand vom 24. April 2018

- Matthias Schneider:Zwischen Liturgie und Konzertsaal. Die Orgel
- https://themen.miz.org/kirchenmusik/liturgie-konzertsaal-orgel-schneider

- ACTA ORGANOLOGICA (Hg.: Alfred Reichling) – Zeitschrift mit umfassenden Beiträgen zur Orgel, Orgelbau und Orgelmusik – Link zum Inhaltsverzeichnis aller Bände (1-36)
https://www.gdo.de/veroeffentlichungen/acta-organologica

>> Thema Instrumentalmusik für Gottesdienst und Konzert

- Jan Assmann: Kult und Kunst. Beethovens Missa Solemnis als Gottesdienst. C.H. Beck. München 2020. 272 S. ISBN 978-3-406-75558-3

-Michael Gassmann: Geistliche Musik im Konzert. https://themen.miz.org/kirchenmusik/geistliche-musik-konzert-gassmann

- Peter Keller, Armin Kircher (Hg.): Zwischen Himmel und Erde: Mozarts geistliche Musik. Stuttgart 2006. ISBN-13: 978-389948 0740

- Werner Oehlmann, Alexander Wagner: Reclams Chormusik- und Oratorienführer. Reclam. Stuttgart 2004. ISBN: 978-3150105504

- Hans-Joachim Schulze: Die Bach-Kantaten. Einführungen zu sämtlichen Kantaten Johann Sebastian Bachs. (Edition Bach-Archiv Leipzig). Evangelische Verlags-Anstalt, Leipzig; Carus-Verlag, Stuttgart 2006. ISBN 3-374-02390-8

Weitere Veröffentlichungen des Autors

(Auswahl)

Martin Geisz:

- Musik im Gottesdienst „Pour orgue ou harmonium". Wissenschaftlicher Verlag. Berlin 2015. ISBN 978-3-7375-1766-9
- „Pour orgue ou harmonium". Kleinere Kompositionen französischer Komponisten in: Ars Organi. ISSN 0004-2919. 2/2015 S. 98-105
- Kompositionen für den Gottesdienst für Landorganisten für Orgel und Harmonium von 1850 bis 1950. Wissenschaftlicher Verlag. Berlin 2020. ISBN 978-3-96138-175-3
- Das Harmonium mehr als ein Orgelersatz. 5 Folgen in Musica Sacra. Heft 1-5 2018
- Harmonium-Instrumente in Synagogen. Wissenschaftlicher Verlag. Berlin 2018. ISBN 978-3-96138-076-3
- Musik für Orgel in der Synagoge. in: Ars Organi 66, 2018, 26-29
- Kulturerbe Harmonium. Wissenschaftlicher Verlag. Berlin 2016. ISBN 978-3-86573-959-9

Aus unserem Verlagsprogramm:

Željko Čekolj
**Krankheit und der Umgang mit Kranken als ständige
Herausforderung für Kirche und Pastoraltheologie**
Durch die Geschichte und heute
Hamburg 2021 / 138 Seiten / ISBN 978-3-339-12418-0

Andri Joël Harison
Josef Nejez – Sein Leben und sein Werk
unter besonderer Berücksichtigung seiner Missa pro vita ascendente Op. 100
Hamburg 2020 / 186 Seiten / ISBN 978-3-339-11800-4

Ronald Scholz
Das ethische Dilemma in der Seelsorge
*Eine empirische Untersuchung am Beispiel der evangelischen
Polizeiseelsorge in der Bundesrepublik Deutschland*
Hamburg 2013 / 244 Seiten / ISBN 978-3-8300-7246-1

Wolfgang Deresch
**Sichtbar zu machen das Unsichtbare:
Studien zum Verhältnis von Religion und Kunst**
Hamburg 2011 / 170 Seiten / ISBN 978-3-8300-5527-3

Peter Scheuchenpflug
Kirchenräume als Begegnungsräume
Hamburg 2009 / 146 Seiten / ISBN 978-3-8300-4683-7

Peter Bohnenberger
Frauenarbeit in Dokumenten der katholischen Kirche
*Stellungnahmen und Bewertungen von Rerum novarum (1891)
bis zum gemeinsamen Sozialwort der Kirchen (1997)*
Hamburg 2009 / 300 Seiten / ISBN 978-3-8300-4576-2

Katrin Bemmann
Die katholische Kirchenmusik Johann Gottlieb Naumanns (1741–1801)
Ein Beitrag zur Überlieferungs- und Rezeptionsgeschichte
Hamburg 2008 / 514 Seiten / ISBN 978-3-8300-3614-2

Dietlinde Rumpf
Kirchenmusikpflege in Sachsen nach der Reformation bis 1837
*Beiträge zur Musikpflege der evangelischen Lateinschule in Saalfeld
nach der Reformation bis zur Gründung der Realschule*
Hamburg 2007 / 386 Seiten / ISBN 978-3-8300-3159-8

Marie Aimé Joël Harison
Anton Heiller
*Pionier der Orgel- und Kirchenmusik Österreichs nach der Kriegszeit.
Sein Leben und sein Werk*
Hamburg 2005 / 146 Seiten / ISBN 978-3-8300-1796-7

VERLAG DR. KOVAČ
FACHVERLAG FÜR WISSENSCHAFTLICHE LITERATUR

Postfach 57 01 42 · 22770 Hamburg · www.verlagdrkovac.de · info@verlagdrkovac.de